KB192896

나는 간다

I AM GOING

＊별도의 표기가 없는 성경구절은 개역개정 성경을 인용한 것입니다.

I AM GOING
나는 간다

이웃, 열방, 일터,
그밖에 어디든 나는 갈 것이다!

대니얼 애킨, 브루스 애시포드 지음
김태곤 옮김

아가페북스

본서는 그리스도의 나라에 대한 헌신과 교회의 사명을 위한 분명한 메시지다. 대니얼 애킨과 브루스 애시포드는 적절한 시기의 적절한 음성이며, 이 책은 그리스도의 몸 된 교회에 제공하는 소중한 격려다.

_ 러셀 무어(남부 침례교대회의 윤리와 종교 자유 위원회 대표)

이 책은 꼭 필요한 자료다. 목회자가 교인들에게 추천하면 좋을 것이다. 교회를 혁신할 뿐 아니라 땅 끝까지 복음 전하는 일에 주께서 이 책을 사용하실 것이다.

_ 마이크 비스터(프레스턴우드 침례교회 행정목사)

본서는 큰 주제, 즉 어떻게 살 것인지를 다루는 책이다. 읽기 쉽고 흥미진진하다! 이 책을 읽은 독자들의 삶이 변화되기를 기도한다.

_ 마크 데버(캐피톨힐침례교회 목사)

예수님은 "가서 모든 민족을 제자로" 삼으라고 말씀하셨지만, 이것은 힘겨운 과제거나 평범한 그리스도인에게는 적용되지 않는 일처럼 여겨질 수 있다. 이 책에서 애시포드 박사와 애킨 박사는 우리가 전도하러 나가야 하는 이유와 그 방법을 탁월하게 제시한다. 전도의 삶이 무엇인지 이해하도록 돕는 자료로 이 책을 적극 추천한다.

_ 매트 카터(디오스틴스톤커뮤니티교회 설교목사)

만일 우리가 예수님을 '따른다면' 우리는 그분과 '함께' 그리고 그분을 '위해' 나아가야 한다. 대니얼 애킨과 브루스 애시포드의 이 실천적이며 강력한 책은 독자로 하여금 "나도 간다!"라고 말하게 할 것이다.

_ 제임스 메리트(크로스포인트교회 목사)

첫 페이지에서부터 독자는 신학과 선교학의 도전을 받을 것이다. 교인들에게 적극 추천할 만한 귀한 책이다. 이 책이 그들의 마음을 사로잡도록 기도해야 한다.

_ 조니 힌트(우드스톡 제일침례교회)

이 책은, 신자들이 예수님을 위한 사명을 감당하도록 부르심받았음을 가정한다. 이것은 논란의 여지가 없는 사실이다. 대니얼과 브루스는 독자들이 자기의 소명을 분명히 하도록 단계별로 안내한다. 그리고 이 소명에 대해 깊이 생각하며 기도하도록 도와준다. 어떤 이들은 먼 이국으로 떠나는 것이 소명일 테고, 또 다른 이들은 직장동료와 우애를 다지는 것이 소명일 수 있다. 하나님이 독자를 어디에 두시든, 본서는 독자로 하여금 주님의 지상명령을 계획적으로 수행하는 삶을 살도록 도와줄 것이다.

_ 개빈 애덤(북미선교회 대표)

지상대명을 품은 신학교의, 지상대명을 마음에 품은 두 사람이, 지상대명을 품은 책을 썼다. 그들의 글을 통해 사도행전 1장 8절의 전도자가 되는 법을 배우자. 하나님이 세상을 변화시키기 위해 우리를 어떻게 사용하시는지 이 책을 통해 배우자.

　　　　　　_ 톰 레이너(라이프웨이 크리스천리소시즈 대표이사 CEO)

　　우리를 구원하시는 하나님은 우리를 보내는 하나님이다. 이 사실은 이 책에 담긴 여러 진리 중 하나로, 교회의 사명에 대해 탁월한 신학적 실천적 비전을 제시한다. 본서를 통해 독자의 마음이 감동되어 하나님이 맡기시는 사명에 적극적으로 동참하기를 기도한다.

　　　　　　_ 트래빈 왁스(『잊혀진 복음』, 『우리 시대의 6가지 우상』 저자)

애킨과 애시포드는 참된 신약 교회의 일원이 되는 것이 무엇을 뜻하는지 명료하고 이해하기 쉽게 설명함으로써, 지역 교회를 위한 관심을 표현한다. 이 책을 읽는 독자는 현재 미국의 남부 침례교를 이끄는 가장 뛰어난 학자 두 명과 친해질 뿐 아니라, 교회와 그 사명에 대한 신약 교리도 접하게 될 것이다.

_ 페이지 패터슨(사우스웨스턴침례신학교 학장)

오직 성령이 너희에게 임하시면 너희가 권능을 받고
예루살렘과 온 유대와 사마리아와 땅 끝까지 이르러
내 증인이 되리라 하시니라

_행 1 : 8

Contents

약 2천 년 전에 평범한 사람들 몇이서 비범한 방식으로 세상을 바꾸어 놓았다. 열한 명으로 시작한 운동이 하루 만에 3천 명 이상으로 늘었다. 그 다음 3백 년 안에 이 운동은 3천만 명 이상으로 확산되었다. 이처럼 경이적인 수효는 '도대체 이런 일이 어떻게 일어났을까?' 하는 질문을 던지게 한다. 대답은 간단하다. 그들은 갔다.

이 몇 안 되는 사람들은 예수님의 분명한 부르심을 들었다. 예수님은 "가라!"고 말씀하셨다. 세상의 모든 민족에게 가서, 예수님을 구주로 고백하고 삶의 주인으로 고백하는 모든 이들에게, 하나님이 영생을 주신다는 위대한 소식인 복음을 전하라는 말씀이었다. 그래서 그들은 갔고, 세상은 변화되었다.

약 2천 년이 지난 지금도 그 부르심은 여전하다. 2천 년 전 그들에게 분명했듯이 오늘날 우리에게도 분명하다. 남녀노소를 불문하고 예수님을 믿는 모든 이들에게 예수님은 "가라!"고 말씀하신다. 가서 세례를 받고 한 지역에만 앉아 있도록 우리를 부르신 것이 아니다. 예수님은 우리 모두더러 만민에게 가서 세례를 주고 제자로 삼을 것을 명하셨다.

'가라'는 명령은 우리가 사는 곳 바로 거기서 주어진다. 우주의 하나님이 우리 각자를 우리가 사는 집이나 기숙사, 일터 그리고 주변 사람들과 함께 두셨다. 우리를 거기 두신 데는 이유가 있다. 예수님은 우리와 매일 접촉하는 사람들이 그들을 향하신 하나님의 크신 사랑을 알고, 그분 안에서 사는 삶을 경험하기 원하신다. 실로 하나님이 우리를 부르신 것은 그들에게 가게 하기 위함이다. 그러나 거기서 멈추지 마라.

'가라'는 명령은 하나님이 이끄시는 모든 곳으로 확대된다.

우리가 살고 있는 세계는, 약 30억의 사람들이 그들을 위한 하나님의 사랑에 대해 좋은 소식을 들어보지도 못했다. 수많은 사람이 천국에 들어가는 법을 들어보지도 못한 채 지옥으로 향하는 상황에서, 하나님은 단지 몇몇 그리스도인들더러 그들에게 가라고 명하지 않으신다. 수많은 그리스도인에게 그들에게로 가라고 명하신다.

본서는 이처럼 '가는 것'에 대한 내용이다. 대니얼 애킨과 브루스 애시포드는 우리가 사는 곳의 일에 대해, 그리고 하나님이 이끄시는 모든 곳으로 가는 일에 대해 성경적이고 실천적이며 간단한 지침을 제시한다. 따라서 이 책의 독자를 위한 내 권면은 처음부터 간명하다. 그 내용을 읽지 말고 행하라.

앞으로 읽을 내용을 보며 독자는 생활하고 일하는 곳에서, 교회나 가족과 함께, 이웃으로부터 열방에 이르기까지 갈 수 있는 모든 방법을 고려하게 될 것이다. 그러나 이 모든 것을 고려하는 데서 그치지 말고 실행하라.

다시 말해, 가라! 우리가 갈 때 우리의 삶과 교회 안에서, 그리고 이들을 통해 무슨 일이 일어날지 누가 알겠는가? 21세기에 있는 우리가 1세기에 있었던 것과 같은 하나님 운동

의 일부가 될 수 있을까? 그리 되게 해주시기를 하나님께 기
도할 뿐이다.

_ 데이비드 플랫
미국 남침례교회 국제선교이사회 대표

I AM GOING

1

나는 간다

I AM GOING

만일 '미국 대학 졸업자들 중 졸업한 해를 가장 무모하게' 보낸 사람에게 주는 상이 있다면, 아마 내(브루스 애시포드)가 1998년도 수상자였을 것이다. 10월 20일, 나는 생애 처음으로 해외로 가기 위해 비행기에 올랐다. 나는 시골 청년으로 노스캐롤라이나의 자그마한 시골 마을에서 자랐다. 그런데 이제 2년 동안 러시아에서 살려고 비행기에 오른 것이다. '나는 가고 있었다.'

카잔에 도착한 나는 여러 가지 도전에 직면했다. 겨울 동안 평균 기온이 영하 10도를 밑돌았고, 영하 30도나 40도까지 떨어지는 때도 있었다. 몹시 추운 날에는, 김이 모락모락 나는 커피를 마시다가 공중에 뿌리면 그것이 땅에 닿기도 전에 얼곤 했다.

대체로 나는 카잔의 음식을 즐겼다. 그러나 받아들이기까지 시간이 걸린 음식도 있었다. 예를 들면, 어느 날 아침 생선 젤로를 먹게 되었다. 우리가 익히 아는 젤로가 아니라, 속에 생선살을 넣은 젤라틴(엉긴 지방 덩어리)이었다. 또 어느 저녁 식당에서는 발효된 말 젖을 처음 대했다. 버터밀크와 비슷했다.

무엇보다 영적 도전이 있었다. 나는 카잔의 여러 대학에서 영어 과정을 가르치는 것으로 생계를 꾸렸다. 내 수업을 듣는 학생들을 알게 되고, 그들의 친구와 친지를 만나면서 나는 예수님과 복음에 대해 이야기를 나누었다.

카잔은 매력적인 도시였다. 대부분의 러시아 도시와 달리 카잔 시민의 절반 이상이 무슬림이었다. 무슬림이 아닌 시민 중에는 무신론자가 많았다. 이는 내가 만난 사람 대부분과 내가 사귄 친구 대부분이 무슬림 아니면 무신론자였음을 뜻한다. 그들은 매우 따뜻한 사람들이었다. 나는 카잔에서 친지, 친구들을 만나 셀 수 없을 정도로 여러 차례 식사나 뜨거운 차를 함께했다.

카잔으로 떠나기 직전, 나는 하나님을 위한 증인이 되도록 나를 다른 나라로 보내시려는 그분의 인도를 감지했다. 나는 여러 나라에서 직업을 쉽게 구할 수 있고, 그 직업을 발판삼아 사람들에게 복음을 전할 수 있음을 알고 있었다. 그래서 결국 카잔으로 가서 영어를 가르치면서 지역사회를 섬기고, 또 만나는 사람들에게 복음 전하는 길을 찾았다.

결과는 뜻밖이었다. 그들은 내가 예수님을 따르는 사람이라는 사실에 매료되었다. 내가 예수님에 관한 대화를 일부러 주도하는 경우는 드물었다. 우리 집 커피 테이블에 왜 성경책이 놓여 있는지 그들이 물었던 적이 많다. 혹은 더 직설적으로, 그들은 내가 그리스도인인지 그리고 왜 그리스도인이 되었는지를 묻곤 했다. 나는 매일 카잔의 학생들에게 영어를 가르쳤고, 거의 매일 저녁과 주말을 복음 관련 대화와 성경공부 인도에 할애했다.

종종 늦은 저녁에 함께 식사한 손님이 떠나거나 성경공부가 끝나면, 나는 5층 아파트 창가에 앉아 있곤 했다. 바로 곁에 이슬람교의 예배당인 모스크가 보였다. 모스크 위로 눈이 내릴 때면, 노스캐롤라이나 출신의 시골 사람이 러시아에서 살고 있다는 것이 얼마나 놀라운지를 생각하곤 했다. 더 놀라운 것은, 러시아 사람들을 도우며 그들에게 그리스도에 대해 말할 수 있는 문을 여는 일에 내 영어 능력을 활용할 수 있었다는 것이다.

나는 하나님이 이 기회를 어떻게 계획하셨는지 알 수 있었다. 하나님은 세상을 구원하는 사명에 내가 동참할 수 있도록, 나를 도우려는 의도를 갖고 계셨다.

_ 하나님의 임무는 무엇인가

세상에서 하나님이 담당하시는 임무는 무엇일까? 만일 우리 그리스도인들이 하나님을 사랑하고 순종하려 한다면, 하나님이 맡으신 일이 무엇인지 알 필요가 있다. 다행히도 하나님이 성경을 우리에게 주셨고, 성경은 하나님이 하시는 일을 우리에게 정확히 알려준다.

만일 우리가 하나님의 임무를 이해하려 한다면 가장 먼저, 성경이 주로 하나님이나 이스라엘에 대한 사건을 무작위로 모아놓은 책이 아니라는 것을 이해해야 한다. 성경은 규례의 모음집도 아니다. 하나님에 대한 흥미롭고도 강력한 이야기다. 이 이야기는 네 가지 행위로 언급된다.

1. 창조 첫 번째 행위는 창조다. "태초에 하나님이 천지를 창조하시니라"(창 1:1). 하나님이 세상과 그 속의 모든 것을 창조하셨으며, 그것을 심히 좋게 여기셨다(창 1:31). 자신이 창조하신 것을 사랑하며 기뻐하셨다!

창조의 절정에 한 남자와 여자가 있다. 하나님이 그들을 자신의 형상과 모양을 따라 지으셨기에 그들은 다른 피조물과 달랐다(창 1:26-28). 짐승과 달리 그들은 하나님이 지으신 세상을 관리하고(창 1:28), 가족을 이루며(창 1:28), 동산을 개량하기 위해 일할(창 2:15) 임무를 맡았다. 또 짐승과 달리 그들은 도덕적이고 영적인 존재로서, 선악을 알게 하는 나무의 열매를 먹지 말라는 지시를 받았다.

인간의 독특성을 요약하는 좋은 방법은, 자신의 삶 전체를 사용해 하나님을 기쁘시게 해야 하는 영적, 도덕적, 사회적, 문화적 존재로 요약하는 것이다. 사실 에덴동산의 모든 것은 바람직한 상태였다. 아담과 하와는 하나님과, 서로 간에, 그리고 다른 피조물과 올바른 관계를 맺고 있었다.

2. 타락 두 번째 행위는 타락이다. 하나님이 세상을 창조하신 직후, 성경이야기는 어두운 방향으로 전환된다. 아담과 하와는 창조주께 반역하기로 결심했다(창 3:1-7). 하나님을 가장 사랑하지 않았고, 온전히 순종하지 않았으며, 하나님께 불순종했고, 세상과 그들의 삶에서 하나님의 자리를 대신 차지하려 했다. 아담과 하와는 그들도 신이 될 수 있다는 사탄의 거짓말을 믿었다. 범죄한 그들을 하나님이 에덴동산에서 내쫓으셨다.

에덴동산에서 내쫓겼다는 것은 더 이상 바람직한 원래 상태가 아님을 뜻했다. 아담과 하와는 더 이상 하나님과, 서로 간에, 또는 하나님의 피조 세계와 올바른 관계를 맺지 못했다. 우리는 아담과 하와처럼 하나님께 죄를 범했다. 그래서 아담과 하와처럼 하나님과, 다른 사람들과, 그리고 주변 세계와 깨진 관계를 경험한다. 우리의 삶은 하나님의 선하심만이 아니라 죄와 그 결과로도 특징지어진다. 우리는 하나님의 피조 세계에서 아름답고 선한 삶을 경험하지만, 죄와 그 결과의 추악함도 경험한다.

3. 구속 세 번째 행위는 구속이다. 아담과 하와가 죄 지은 직후, 하나님은 그들을 죄에서 구원할 구속자(구원자) 보낼 것을 약속하셨다(창 3:15). 이 약속에서 처음으로 복음을 '엿보게' 된다. 성경 전반에 걸쳐 하나님은 이 구속자가 누구인지 점점 더 많이 계시하시고, 우리는 마침내 복음서에서 그가 예수님임을 알게 된다!

모든 면에서 온전히 하나님이신 예수님이 인성을 입고서 이 땅에 오셨다. 예수님은 온전히 사람이며 또한 온전히 하나님이다. 예수님은 완벽한 삶을 사셨지만, 죄악 된 사람들이 십자가에 못 박았다. 십자가에서 죽고 장사 지낸 바 되었다가 다시 살아남으로써, 예수님은 우리의 죄를 속하고 세상을 구원하셨다. 예수님은 십자가에서 우리의 죄 짐을 자신의 어깨에 짐으로써, 우리가 당해야 할 정죄를 대신 담당하셨다. 그리고 승리자로서 다시 살아나셨고, 우리의 죄 값을 온전히 지불하고 장차 세상을 구원할 것을 보증하 우리에게는 구주가 필요하다. 잠시 멈추고서 우리에게 구주가 필요한 이유를 생각해 보자. 우리에게 구주가 필요한 이유는, 우리 각자가 아담과 하와처럼 하나님께 죄를 범했기 때문이다(롬 3:23).

우리는 하나님보다 우리 자신과 자신의 욕구를 더 사랑하는 죄악 된 성향을 지니고 태어난다(시 51:5). 이 성향은 죄의 함정에 우리를 빠뜨린다(롬 1:24). 우리는 죄를 짓기 때문에 정죄당한다(롬 6:23). 그러나 하나님은 우리를 사랑하셔서 우리를 구원하기 위해 아들을 보내셨고, 그래서 우리는 정죄당할 필요가 없게 되었다(요 3:16).

셨다.

우리가 구원을 얻기 위해 그리스도를 의지할 때, 하나님은 우리 죄를 용서하시고 우리로 하여금 그분의 아들을 닮아가게 하는 과정을 시작하신다(롬 8:29). 우리가 그분의 아들을 닮아가는 과정은 매일 진행되며(고후 4:16), 우리의 존재 전체와 결부된다(롬 12:1). 하나님은 우리의 구원이 개인적인 신앙과 교회활동을 형성할 뿐 아니라, 우리의 가정생활과 일터 그리고 이웃과 지역사회에서의 언행과도 연결되기를 원하신다.

4. 회복　네 번째 행위는 회복이다. 하나님의 구속 사역

은 그리스도의 재림 때 목표에 도달한다. 그리스도는 재림할 때 정복하는 왕으로 오신다. 왕으로서, 모든 사람의 심판자로서 역할을 성취하실 것이다. 그리스도 안에서 구원받지 못한 사람들은 행위에 근거하여 심판과 정죄를 당할 것이다. 구원받는 자들은 그리스도의 기쁨이 되며, 영원히 그분이 주시는 복 아래서 살 것이다.

다시 오실 때, 그리스도는 새로워진 우주, 새 하늘과 새 땅에서 자신과 함께 살도록 우리를 초청하실 것이다(계 21-22장). 이 새 하늘과 새 땅은 죄와 그 결과가 제거된 것을 제외하면, 현재 우리가 사는 세상과 동일한 곳이다. 새 하늘과 새 땅에서 우리의 삶은 철저히 사회적이며 문화적일 것이다. 모든 족속과 언어와 민족의 신자들과 함께 살 것이라는 점에서 사회적이다(계 5, 7장). 그리고 우리의 존재가 예술이나 건축, 노래 같은 문화적인 것으로 특징지어질 거라는 점에서 문화적이다(계 21-22장). 이런 식으로 우리는 하나님의 임재와 은총을 누리며 영원토록 함께 연합하여 살 것이다.

요컨대 하나님의 임무는 아들의 삶과 죽음과 부활을 통해 실현된다. 하나님의 일은 우리를 죄에서 구원하는 것이며, 죄로 인해 훼손된 피조 세계를 회복하는 것이다. 그런데 그 일이 우리와 무슨 관계가 있을까? 달리 말해, 하나님의 임무가 우리 삶에 어떤 영향을 미칠까? 이 물음에 답하기 위해, 우리는 하나님의 임무가 이스라엘에 그리고 예수님께 어떤 영향을 미쳤는지 먼저 간략히 살펴볼 것이다. 그런 후에야 비로소 그것이 우리에게 어떻게 영향을 미치는지 이해하게 될 것이다.

_ 이스라엘의 사명은 무엇이었나

우리가 인식하지 못할 수도 있지만, 이스라엘이 어떤 면에서 하나님의 임무와 연결되는지에 대한 믿음은 사명과 관련한 우리 삶에 매우 중요하다. 에덴동산(첫 번째 행위와 두 번째 행위가 있었던 곳)과 골고다(이야기의 절정인 세 번째 행위가 있었던 곳) 사이에서, 이야기의 초점은 세상에 들어온 모든 죄의 결과에서 자신을 구속하려는 이스라엘의 노력에 맞춰진다.

구약성경을 읽을 때, 종종 우리는 자신의 현재 삶과 구약성경을 연결하기가 힘들다. 구약성경은 왕과 왕후, 사막과 오아시스, 말과 나귀, 검과 병거 같은 것으로 가득하다. 구약성경을 이해하는 최선의 방법 중 하나는, 이스라엘의 사명이 무엇이었는지 살펴보는 것이다.

가장 먼저 살펴볼 본문은 창세기 12장 1-3절이다. 이 본문에서 하나님은 아브라함이라는 한 이교도에게 임하셨고, 그의 후손을 축복하여 그들로 하여금 그 축복을 만민에게 전달하게 할 거라고 약속하셨다. 아브라함의 후손(이스라엘)에게는 하나님의 축복을 만민에게 전하는 통로의 임무가 맡겨졌다. 후에 하나님은 모세와 이스라엘에게 약속하기를, 그의 영광을 드러낼 제사장 나라와 거룩한 백성으로 그들을 택했다고 말씀하셨다(출 19:5-6).

하나님이 이스라엘에게 주신 으뜸 되는 복은, 구주가 이스라엘에서 나올 거라는 약속이었다. 사실 하나님은 이 약속을 이스라엘에게 거듭 상기시키셨다. 이 구주는 만민을 위한 복(창 22:18), 영원한 왕(삼하 7:12-16), 그리고 우리를 대신하여 고난당하는 분(사 52:13-53:12)이 될 것이었다.

또 하나님은 만민에게 복이 되려면 이스라엘이 어떻게 살아야 하는지를 가르치는 율법을 줌으로써 그들을 축복하셨다. 율법은 특성상 포괄적이었다. 그것은 열 개의 기본 율례(십계명)로 시작되었으나, 이스라엘의 존재 전반을 다루는 수백 가지 율례로 확대되었다. 율법은 이스라엘 백성의 개인적, 사회적, 문화적, 정치적 삶의 측면에서, 하나님을 향한 사랑이 어떻게 빛을 발할 수 있는지를 보여주었다. 하나님께는 모든 것이 중요했다! 이스라엘 백성의 모든 삶이 하나님의 위대하심과 선하심을 세상에 보여줄 기회였다.

사실 우리는 이스라엘의 사명을 다섯 방향으로 묘사할 수 있다. 하나님의 의도는 이스라엘로 하여금 다음처럼 하게 하는 것이었다.

1 '위로' 하나님을 경배하며, 한 민족으로서 삶을 하나님의 인도에 맡기게 하심.

2 '안으로' 그들 자신의 삶을 들여다보며, 그들을 위한 하나님의 사랑을 반영하는 방식으로 서로 사랑하게 하심.

3 '뒤로' 하나님이 세상을 창조하셨을 때(남자와 여자가 하

나님과, 서로 간에, 그리고 세상과 올바른 관계를 맺었던 때)를 돌아보며, 애초부터 하나님이 의도하신 유형의 조화로운 삶을 살게 하심.

4 '앞으로' 구주-왕을 보내실 때를 내다보게 하심. 이 구주-왕은 그들을 죄에서 구원하고, 하나님께 경배드리며, 죄가 제거될 새 세상의 질서를 세우실 것이었다.

5 '밖으로' 열방에 초점을 맞추고, 그들의 개인적 민족적 생활방식을 매력적이게 함으로써, 열방의 마음속에 이스라엘의 하나님을 경배하고 싶은 마음이 일어나게 하심.

이스라엘의 사명은 하나님이 하시는 일과 동일 선상에 있어야 했다. 하나님의 임무는 자신을 위해 한 민족을 구원하며, 죄로 망가진 피조 세계를 회복하는 것이다. 유사하게, 하나님은 열방의 마음속에 이스라엘의 하나님을 의지하여 구원받고 싶은 소원이 생기게 할 정도의 삶을 이스라엘이 살기 원하셨다. 또 하나님은 이스라엘의 삶이, 장차 도래할 하나님의 나라(죄나 죄의 결과가 더 이상 없을 회복된 피조 세계)가 어떤 것인지를 세상 사람들에게 얼핏 보여주는 것이기를 원하셨다.

_ 예수님의 사명은 무엇인가

예수님의 사명은 이스라엘이 이루지 못한 사명을 회복하는 것이다. 하나님은 약속대로 아들 예수를 구주로 보냄으로써 이스라엘에게 주신 약속을 성취하셨다. 예수님의 모든 삶이 신성한 구주임을 입증했다. 예수님이 처녀에게서 태어나신 것은, 인간의 몸을 입고 온 하나님이심을 나타냈다(마 1:18-25; 눅 1:26-38). 예수님은 하나님 말씀을 완벽하게 가르쳤고, 죄 없는 삶을 사셨다. 하나님의 나라가 이 땅에 도래하고 있음을, 그리고 하나님나라에 들어가려면 회개하고 하나님을 믿어야 함을 선언하셨다(막 1:14-15).

예수님은 말씀과 행동 둘 다로 사역하셨다. 말씀과 행동 중에서 어느 하나를 고른 것이 아니라 이 둘이 함께 엮어, 예수님의 삶 자체가 하나님의 선하심과 구원을 제시하는 정교한 태피스트리(tapestry, 여러 가지 색실로 그림을 짜 넣은 직물)

같았다. 예수님이 사명을 감당하는 삶을 살면서 천국 복음을 선언하신 세 가지 구체적인 방법은 다음과 같다.

1. 이적   예수님은 자신이 이루는 구원의 특성과 자신이 선포하는 나라의 유형을 계시하는 이적을 행하셨다. 자신의 이적을 통해 자연과 귀신과 질병과 죽음을 제어하는 능력을 보이셨다. 이러한 이적의 유형을 통해 자신이 하나님임을 보이셨다. 예컨대, 죽은 나사로를 살리신 이적으로(요 11장) 자신이 하나님임을 보이셨고(하나님만이 죽은 자를 살릴 수 있다), 하나님나라의 특성을 미리 보여주셨다(그 나라에서는 죽음이 없을 것이다).

다른 이적도 마찬가지다. 폭풍우를 잠잠케 함으로써, 자신이 바다를 만들고 그것을 통제하는 하나님임을 계시하셨으며, 하나님나라에서는 폭풍우가 더 이상 없을 것을 미리 보여주셨다. 나병환자를 치유함으로써 자신이 위대한 의사임을 계시하셨고, 하나님나라에서는 더 이상 질병이 없을 것을 미리 보여주셨다. 귀신 들린 사람을 고쳐줌으로써, 자신이 악을 제압하는 권능을 지녔음을, 또한 자신이 이루는 구원은 더 이상 악이 없는 나라로 귀결될 것임을 계시하셨다.

2. 관대하심과 가르치심 예수님은 병든 자와 죄인을 환영하고 기꺼이 그들과 교류하셨다(눅 14:1-24). 예수님은 하나님과 구원에 관한 진리를 가르치셨고, 하나님나라의 특성을 설명하셨다. 자신의 삶 전반에 걸쳐 아버지와의 교류를 통해 그리고 함께하시는 성령을 의지함으로써, 예수님은 이런 유형의 사역을 계속해 나가셨다.

3. 죽음과 부활 예수님은 십자가에 달리셨고(뱀이 그의 발뒤꿈치를 상하게 했고), 사흘 만에 다시 살아나셨다(뱀의 머리를 상하게 하셨다). 십자가와 부활을 통해 예수님은 하나님의 임무를 완수하셨다. 사탄과 죄와 죽음에 대해 승리를 선언함으로써 하나님나라를 여셨으며, 하나님의 형상을 지닌 자들의 구원과 우주의 회복을 보증하셨다.

예수님의 사명은 유일무이했다. 예수님의 핵심 사역(십자가와 부활을 통한 속죄)은 우리가 모방할 수 없다. 그러나 이 땅에 계시는 동안 예수님이 행하신 방식은 우리가 본받을 수 있다. 이스라엘의 사명처럼 예수님의 사명도 총체적이었다. 예수님의 사역은 말씀과 행동 둘 다를 통해 이루어졌다. 말씀으로 자신이 구주임을, 그리고 모든 사람이 자신을 믿고 구원받아야 함을 선언하셨다. 행동으로는 자신이 이루는 구원이 어떤 것인지 미리 보여주셨다. 이것은 언젠가 새 하늘과 새 땅에서 절정에 달할, 그리고 죄와 죄의 결과가 더 이상 존재하지 않게 될 구원이다.

_ 우리의 사명은 무엇인가

죽음에서 살아나신 후, 예수님은 제자들에게 나타나 말씀하셨다.

예수께서 나아와 말씀하여 이르시되 하늘과 땅의 모든 권세를 내게 주셨으니 그러므로 너희는 가서 모든 민족을 제자로 삼아 아버지와 아들과 성령의 이름으로 세례를 베풀고 내가 너희에게 분부한 모든 것을 가르쳐 지키게 하라 볼지어다

내가 세상 끝날까지 너희와 항상 함께 있으리라 하시니라
(마 28:18-20)

제자들을 향한 고별사인 이 본문에서, 예수님은 모든 민족을 제자로 삼으라고 지시하신다. 이 말씀이 오늘날 우리와 어떻게 연관되는가? 우리의 사명을 요약하고 있다는 점에서 우리와 연관된다. 우리를 포함해 그분의 제자들로 하여금 모든 민족을 제자로 삼게 하는 것이 하나님의 계획이다.

우리가 어떻게 만민을 제자로 삼을 것인가? 아버지와 아들과 성령의 이름으로 세례를 줌으로써, 그리고 그들에게 예수님의 모든 말씀을 가르침으로써 그렇게 한다. 우리의 사명은 하나님의 구원의 말씀을 사람들에게 가르치고 그들에게 세례를 주어, 그들이 성도의 지역 공동체인 교회에 속하게 하는 것이다. 그럴 때 그들은 하나님의 의도에 합당한 삶을 살기 시작한다.

이 일을 할 수 있다는 확신을 갖게 하는 것은 무엇일까? 특히 예수님의 구원에 대한 우리의 메시지 때문에 많은 사람들의 대적에 직면할 때도, 이 일을 할 수 있다고 확신하게 하는

것은 무엇일까? 우리의 확신은 예수님이 언제나 우리와 함께하시고, 제자를 만드는 우리와 동행하신다는 것이며, "세상 끝 날까지" 우리와 함께 계신다는 것이다. 세상 끝 날까지 함께하신다는 것은 놀라운 약속이다. 예수님은 원수를 물리치고 죄와 그 결과를 제거하기 위해 다시 오실 때까지 줄곧 우리와 함께 계실 것이다. 달리 말해서, 모든 소동이 가라앉을 때도 여전히 함께 계실 것이다.

지상대명이 위대한 이유는, 이것이 다른 모든 계명과 지시를 포괄하기 때문이다. 그리스도께서 명하신 "모든 것"을 사람들에게 가르친다는 것은, 성경에서 가르치는 모든 것을 가르침을 뜻한다. 성경의 모든 말씀이 그리스도의 말씀이다.

_ 말과 행동

"말보다 행동이 더 중요하다"는 말이 있다. "당신의 이웃이 유일하게 읽는 성경이 바로 당신일 수 있다"나 "말은 값싼 것"이라는 말도 있다.

우리가 말하기 전에 행동할 수도 있지만, 말도 행동만큼이나 중요하다. 하나님은 태초에 말씀으로 세상을 창조하셨다. 사실상 우리는 지상대명에 말과 행동 '둘 다'로써 순종한다. 말이 중요한 것은 로마서 10장 14절에서 바울이 말하듯, 그리스도에 대해 듣지 못한 자는 그를 믿을 수 없기 때문이다. 말은 필수적이다. 우리의 행동도 중요한 것은, 바울이 고린도인들에게 말했듯 우리가 "먹든지 마시든지 무엇을 하든지 다 하나님의 영광을 위하여" 해야 하기 때문이다(고전 10:31). 행동은 우리 자신의 구원의 증거이며, 새 하늘과 새 땅의 삶을 미리 보여주는 것이다. 거기서는 우리의 모든 행동이 하나님의 뜻에 합당할 것이다.

마차의 바퀴축과 바퀴에 대한 비유를 생각해 보라. 바퀴축과 바퀴는 둘 다 중요하다. 바퀴축은 바퀴의 중심이며 전체 바퀴를 붙들어준다. 만일 바퀴축이 제거되면 바퀴도 떨어져 나간다. 역으로 바퀴가 제거되면 바퀴축은 제구실을 못한다.

그리스도인의 사명의 바퀴축은 복음(말씀)이며, 바퀴는 복음 중심의 그리고 복음에서 유발되는 행동이다. 바퀴축이 필수적인 이유는, 이것이 없으면 바퀴가 떨어져 나가기 때문이다. 그리스도에 대해 듣지 못한 자가 어떻게 그를 믿을 수 있느냐는 바울의 수사적인 질문의 핵심이 바로 이것이다. 가급적 자주 그리고 매력적인 방식으로 그리스도에 대해 말하는 것이 우리의 사명인 것도 바로 이 때문이다.

바퀴도 필수적이다. 바퀴가 제거되면 마차는 앞으로 나아가지 못한다. 모든 일을 하나님의 영광을 위해 해야 한다는 말의 핵심이 바로 이것이다. 우리가 그리스도 닮은 말을 하기 원하면서, 행위로는 그리스도를 닮지 않으려 하면 되겠는가? 우리가 이웃에게 복음을 전하고 싶다고 말하면서, 이웃의 돈을 훔치거나 이웃에게 해를 끼치면 되겠는가? 물론 그래서는 안 된다. 복음을 전하는 말이 복음으로 형성된 삶을 동반하지 않을 때, 우리의 말은 거의 아니 전혀 힘을 발휘하지 못한다.

요컨대 우리의 사명은 이스라엘처럼 다섯 가지 방향으로 향한다. 하나님은 우리가 다음처럼 하기를 원하신다.

1 '위로' 하나님을 경배하고, 아들 예수 그리스도를 더 많이 닮기 원하신다.

2 '안으로' 우리의 가족과 교회를 들여다보고, 우리와 세상을 위한 하나님의 사랑을 반영하는 방식으로 서로 사랑하기 원하신다.

3 '뒤로' 세상을 위한 하나님의 창조 계획을 돌아보기 원하신다. 사람들로 하여금 하나님과, 서로 간에, 그리고 피조세계와 올바른 관계를 맺게 하시려는 계획이었다.

4 '앞으로' 세상을 새 하늘과 새 땅으로 새롭게 회복시키기 위해 예수님이 다시 오실 때를 내다보며 살기 원하신다. 이것은 다가오는 나라를 미리 보여주는 삶이다.

5 '밖으로' 열방에 초점을 맞추고, 그들도 그리스도의 구원을 경험하도록 하나님께로 이끌기를 원하신다.

우리의 사명은 '위로' '안으로' '뒤로' '앞으로' 그리고 '밖으로' 향한 것이다.

1999년 겨울 동안, 나는 수요일 저녁과 토요일 아침에 카잔에 있는 내 아파트에서 몇몇 대학생과 젊은 전문직 종사자들을 만났다. 그들 중 대부분은 격식 없는 모임을 통해 영어 실력을 향상시키기 원했다. 나는 흔쾌히 그렇게 하겠다고 말했지만, 우리의 영어대화를 성경에 초점을 맞추어 진행하길 원했다.

그들 중 대부분은 그리스도인이 아니었으나, 그렇게 하기로 기꺼이 동의했다. 우리는 저녁식사와 함께 저녁모임을 시작했다. 각자 맡은 음식을 가져왔다. 한 사람은 수프를, 다른 사람은 갓 구운 빵을 가져왔다. 디저트를 준비해 온 사람도 있었다. 나는 차와 커피를 제공했다.

식사 중에 우리는 실컷 웃으며 많은 이야기를 나누었다. 수프와 차를 나누고 함께 대화하며 웃으면서 우정을 쌓았다. 식사를 마친 후에는 성경을 꺼내 함께 공부했다.

나는 성경에 있는 한 가지 핵심적인 이야기를 소개하기 위해 20과 성경공부를 계획했다. 자신의 백성을 사랑하여 구원하기 위해 역사 속에 들어오신 하나님에 대한 이야기다. 학생 대부분이 무슬림이었으나, 매주 일정 분량의 성경본문을 읽어오기로 했다. 매주 공부시간이 되면, 나는 그들이 읽은 내용에 대해 여러 가지 질문을 던지곤 했다. 그 질문은 읽은 구절에서 핵심을 끌어내기 위한, 그리고 성경 읽는 연습을 돕기 위한 것이었다.

여러 달이 지나면서 차와 커피를 나누는 가운데 우리의 우정은 깊어 갔다. 동시에 20과를 진행하면서 하나님과 말씀에 대한 이해도 깊어졌다. 20과가 끝날 즈음에는 여러 명이 복음을 믿게 되었다. 그들은 그리스도를 믿었고, 공개적으로 그리스도께 헌신했다.

특히 놀라운 것은, 그들이 그리스도를 알게 된 경위였다. 그들은 말씀과 행동을 통해 예수님을 알게 되었다. 성경을 가르치는 말에 귀 기울임으로써, 그리고 스스로 하나님 말씀을 읽음으로써 그리스도를 알게 되었다. 복음(말씀)을 통해 그들은 예수님이 구주임을 배웠고, 그분을 구주로 믿었다.

아울러 복음에 기인한 복음 중심의 행동을 경험했다. 성경공부를 하면서 그들과 교류하는 혹은 서로 교류하는 다른 그리스도인들이나 나를 보면서, 그들은 그리스도인의 사랑과 공동체를 맛보았다. 그들은 성경공부 모임 밖에서도 그리스도인들과 함께 시간을 보낼 수 있었고, 가정이나 일터에서 기독교로 인해 일어나는 변화를 보았다.

나는 하나님이 나처럼 미숙한 그리스도인을 증인으로 사용하실 수도 있음을 깨달았다. 하나님은 내가 수백 명의 학생들과 접촉하게 하기 위해 대학강사라는 내 직업을 활용하셨다. 내 직업과 카잔을 위한 기여 덕분에, 나는 지역사회에서 수백 명의 다른 사람을 만날 수 있었다. 내 삶의 독특한 기독교적 특성 때문에 많은 사람이 내 신앙에 호기심을 보였고, 왜 내가 예수님을 따르는지 알고 싶어했다.

다시 말해 카잔에서 2년 동안, 나는 앞으로 진행될 하나님의 일하심에 나를 동참시키시는 방식을 경험했다. 내가 20대 초반이고, 미국을 벗어나본 적이 없고, 전혀 다른 세계관을 지닌 사람들에게 복음을 전해 본 적이 없다는 사실이 문제가 되었을까? 그렇지 않다.

중요한 것은, 하나님의 임무가 사람들을 구원하는 거라는 사실이었고, 이 목적을 위해 하나님이 나를 사용하기로 하

셨다는 사실이다. 모두 어디론가 가고 있다. 만일 내가 카잔
으로 가지 않았다면, 직장을 구하러 노스캐롤라이나의 캐리
로 갔을 것이다.

우리가 사명자의 삶을 사는지의 여부는 '어디로' '어떻게'
'누구와 함께' 그리고 '왜' 가는지에 대한 우리의 결정을 하
나님의 뜻에 비추어 평가하는지에 달려 있다. 하나님은 우리
보다 앞서 가신다.

소명을 분명하게

1 사명을 감당하기 위해 카잔 같은 곳으로 기꺼이 가려 하지 않는 핵심적인 이유 세 가지를 솔직하게 말해 보라.

2 사명을 감당하기 위해 카잔 같은 곳으로 기꺼이 가려는 이유 세 가지를 솔직하게 말해 보라.

이제 첫째 목록을 둘째 목록과 비교해 보라. 갈지 말지를 결정하는 데 무엇이 가장 강력한 이유로 작용하는가?

서명

나, _____ 은(는) 갈 것이다.

I AM GOING

2

나 는 간 다

•

교회와 함께

I AM GOING

　내(대니얼 애킨) 삶에서 매우 인상적이었던 것 중 하나는, 세계에서 가장 가난하고 위험한 곳에 속하는 남수단에서 선교사역을 행한 것이다. 내가 그곳에서의 시간을 한껏 즐겼던 것은 거기서 만난 기독교가 매우 진실했기 때문이다. 많은 사람이 죽임을 당했던 그 나라의 교회는 진정성이 있었다. 그들은 아무것도 가진 게 없다. 다르게 말하면, 예수님을 믿는 믿음이 부요하므로 모든 것을 지녔다. 거듭 반복해서 이야기하고 싶은 구체적인 예가 하나 있다.

　2009년도에 나는 텍사스 주 플래이노에 위치한 프레스턴우드침례교회의 교회 팀에 합류했다. 그 팀은 남수단 카조케지로 향했다. 주바의 남쪽과 우간다의 북쪽에 위치한 소도시다. 우리는 거기서 말씀사경회를 인도하고, 목회훈련 과정을 지도하고, 교회를 개척할 계획이었다. 예배와 훈련과 친교와 교회개척을 위해 수단, 우간다, 콩고민주공화국에서 천 명이상이 찾아왔다. 그들 중에는 일주일씩 걸리는 길을 걸어 왕래해야 하는 이도 있었다. 참석자 거의 전부가 달과 별 아래서 담요 한 장 덮고 잠을 잤다. 나는 형제자매들과 함께 그리스도 안에서 그토록 행복해하며 기뻐하는 모습을 거의 본적이 없다. 그들 중에는 수단 내전으로 크게 고통 받던 사람도 있었다.

좋은 예가 될 만한 사람이 하나 있다. 샘 목사다. 샘은 우간다에서 태어났다. 어릴 때 부모형제가 테러리스트들의 손에 잔인하게 살해당하는 것을 목격했다. 샘은 수풀 속으로 달려 들어가 혼자 살아남았다. 하나님의 은혜로 한 기독교 가정에 입양되었다. 샘은 예수님을 믿고 구원받았다. 그리고 십대 때 목회자로 부르시는 하나님의 소명을 감지했다. 우리는 영예롭게도 샘이 첫 교회 개척하는 일에 동참할 수 있었다. 그들은 망고나무 아래서 모인 활기찬 회중이 되었고, 지금까지 거기서 모이고 있다.

참으로 친밀하고 깊은 믿음으로 행하며 예수님을 사랑하는 그들에게는, 건물이나 좌석(고작해야 맨 땅이나 몹시 불편한 대나무 장대에 앉았다), 스크린, 악기, 또 미국에서는 교회에 꼭 필요하다고 생각하는 다른 장치들이 전혀 없다. 그들은 21세기의 미국에서 볼 수 있는 교회 같지는 않지만, 1세기의 교회와 매우 흡사하다.

우리는 교회를 떠나서는 지상대명을 완수할 수 없다. 여기서 세 가지 중요한 질문이 제기된다.

- 교회란 무엇인가?
- 성경적으로 신실한 성도들의 공동체는 어떤 모습인가? 이 공동체가 하는 일은 무엇인가?
- 교회가 지상대명(만민에게 복음을 전하라)과 가장 큰 계명 (하나님과 이웃을 사랑하라)이라는 이중 경로를 통해 역동적인 복음 전진기지가 되려면 어떻게 해야 하는가?

이 질문을 살펴보자.

교회는 …

교회에 대한 정의를 내릴 때 많은 혼란이 있다. 매우 다양한 의견이 제시되지만, 매우 기본적인 개념(교회의 본질과 특성에 대한 개념)조차 명확하지 않다. 우리는 성경적인 사고를 굳건히 할 필요가 있다.

교회는 오순절에 탄생했으며(행 2장), 에베소서 3장 14-21절에 따르면 주 예수 그리스도의 교회는 모든 시대의 모든 성도로 구성된다.

신약성경에서는 '교회'라는 용어의 네 가지 용례를 계시한다.

1. **지역 교회** '에클레시아'(ekklesia)라는 단어는 특정 지역에서 모이는 특정한 성도의 모임을 가리키는 데 가장 많이 사용된다. 성경에 나오는 주된 용례다.

2. **가정 교회**　많은 지역 교회가 가정에서 모였으며, 그래서 "집에 있는 교회"(몬 1:2)로 불렸다.

3. **교회들의 연합**　예를 들면 유대, 갈릴리, 사마리아 같은 특정 지역의 교회들(행 9:31). 이 용례는 매우 드물다.

4. **보편 교회**　어떤 경우에는 에클레시아가 그리스도의 몸 전체를 가리킨다. 전 세계의 모든 성도이며, 지정된 사역자의 인도 아래서 외적으로 그리스도를 고백하며 예배를 목적으로 조직화 된 교인들이다.

교회는 … 가 아니다

'교회'에 여러 의미가 있을 수 있음을 기억하는 것이 중요하듯, 교회 아닌 것이 무엇인지를 기억하는 것도 중요하다.

1. **건물이 아니다**　신약성경 어디서도 에클레시아는 건물을 뜻하지 않는다. 신약성경의 에클레시아는 벽돌과 회반죽으로 만들어진 구조물이 아니다. '매일 학교 가는 길에 교

회를 지나간다'는 식의 표현은, 초기 그리스도인에게는 이해되지 않았을 것이다. 교회는 어디서 모이든 예배와 증언과 사역을 위해 모이는, 예수님을 믿는 성도들의 몸이다. 초기에는 그 모임이 소규모였고, 성도들은 종종 가정에서 모였다(롬 16:5; 골 4:15; 몬 2절).

2. 교파가 아니다 교회는 민족적 조직이나 교파가 아니다. 물론 교단의 필요성은 있다. 개별 교회가 다른 교회와 실제적인 연합 없이 고립되어야 할 이유는 없다.

하나님의 백성, 그리스도의 몸 그리고 성령의 전 같은 성경적인 이미지와 비유는, 우리가 교회의 본질과 특성에 대해 배울 수 있는 방편 중 하나다. 우리 동료인 존 해미트(John Hammett)는 '이들이 교회에 대해 배우게 하는 주된 방편'이라고 믿는다. 마크 데버(Mark Dever)는 이들 세 가지 이미지에 덧붙이는 것이 있다. "교회는 복음의 전달자다(사도행전에서처럼). 교회는 순종하는 종이다(이사야에서 이끌어낸 개념). 교회는 그리스도의 신부다(계 19장과 21장 참조). 교회는 건축물(집)이다(벧전 2:5; 엡 2:21). … 교회는 그리스도의 지상사역과 성령강림을 통해 시작된, 마지막 때를 살아

교회를 어떻게 규정해야 하는가?

우리 교단의 신앙 진술인 '침례교 신앙과 메시지 2000'의 제4조가 '교회'에 대한 탁월한 개념을 제시한다. 이것은 그리스도의 주권과 성경의 권위를 철저히 받아들이는 형제자매의 공통성을 설정하지만, 성경에서 말하지 않는 방법론이나 관행에 대해서는 억지로 규정하지 않는다. 우리는 이 진술이 성경적 신학적 통일성에 근거해, 건강한 방법론적 다양성을 위한 기초를 제공한다고 믿는다. 그 내용은 다음과 같다.

제4조 교회

주 예수 그리스도의 신약 교회는, 믿음의 언약과 복음의 친교로 결합된 세례 받은 성도들의 자율적인 지역 회중으로서, 그리스도의 두 가지 예식을 준수하고, 그리스도의 말씀을 통해 그들에게 부여되는 은사와 권리와 특권을 행사하며, 땅 끝까지 복음을 전파하려 한다. 각 회중은 그리스도의 주권 아래 민주적 과정을 통해 움직인다. 이 같은 회중 안에서는 각 구성원이 주님이신 그리스도께 책임이 있다. 이 회중의 성경적인 직분은 목사와 집사다. 교회에서 봉사는 남녀 모두 맡을 수 있으나, 목회자의 자격은 성경에서 남자에게만 국한하고 있다. 또 신약성경은 모든 시대의 구속함받은 이들을 포함하는 그리스도의 몸으로서 교회에 대해 말한다. 이들은 모든 족속과 언어와 민족과 나라의 신자들이다.

가는 성도들의 공동체다."[1]

이 정의를 통해, 교회생활과 관습의 몇 가지 중요한 면을 고찰해 보자.

_'진짜' 교회를 어떻게 찾을 수 있을까

만일 당신이 새 도시로 이주한다면 새로운 교회를 찾아야 할 것이다. 만일 당신이 미국에 산다면 선택할 교회가 매우 많다. 남부나 중서부같이 복음전도 성향이 강한 지역에서는 특히 그렇다. 새로 교회를 정해야 할 때 어느 교회에 출석할지 어떻게 결정하는가? 나라면 하나님 말씀에서 건강한 교회로 묘사한 것을 반영하는 교회를 찾을 것이다.

몇 가지 중요한 질문이 있다. 신약 교회의 '표지'는 무엇인가? 건강한 교회의 표지는 무엇인가? 이 두 질문은 분명하게 서로 연관된다. 신약 교회의 본질적이며 확실한 증거는 무엇인가?

교회사 전반에 걸쳐, 명석한 사상가들이 이 질문에 답하려고 노력해 왔다. 그 덕분에 우리가 교회생활을 할 수 있고, 하나님의 일하심이 이 땅에서 지속될 수 있다.

참된 교회의 '표지' 또는 속성에 대해 여러 세기 동안 신학자들이 논의해 왔다. 예컨대, AD 381년에 콘스탄티노플 공의회에서는 "우리는 하나이고, 거룩하며, 보편적이고, 사도적인 교회를 믿는다"고 선언했다. 이 선언에 포함된 형용사 네 개는 간략한 설명을 요한다. 특히 '보편적'이라는 용어에 오해의 소지가 많다.

1. 하나다　하나님이 하나이시듯 교회도 '하나'다. 한 분 주 예수 그리스도의 몸으로서, 교회는 그 하나 됨이나 단일성을 주요 특징으로 한다. 그리스도인들은 단일성으로 특징지어져야 한다(행 4:32). 성도들의 단일성은 교회 내에서 그리고 세상을 향한 증인으로서 분명하게 드러나야 한다. 분열과 분쟁은 우리의 증언을 수치스럽게 한다.

2. 거룩하다　하나님이 거룩하시므로 교회도 거룩해야 한다(레 11:44-45; 19:2; 20:7; 벧전 1:14-16). 성령의 거처로서, 교회는 하나님을 위해 구별된 성도들로 구성되었다(고전 1:2). 우리의 거룩성은 그리스도의 거룩성을 기반으로

한다. 그리스도의 거룩성이 교회의 거룩함에 반영되어야 한다(롬 6:14; 빌 3:8-9). 바울은 이렇게 가르친다. "그리스도께서 교회를 사랑하시고 그 교회를 위하여 자신을 주심 같이 하라 이는 곧 물로 씻어 말씀으로 깨끗하게 하사 거룩하게 하시고 자기 앞에 영광스러운 교회로 세우사 티나 주름 잡힌 것이나 이런 것들이 없이 거룩하고 흠이 없게 하려 하심이라"(엡 5:25-27).

현세에서는 교회가 완벽한 거룩성을 결코 지니지 못할 것이다. 존 칼빈이 이를 잘 설명했다. "주께서 매일 우리의 주름진 것을 펴고 얼룩을 씻어주신다. 교회의 거룩성은 아직 완성되지 못했다. 교회가 거룩한 것은, 날마다 진전되지만 아직 온전하진 않다는 의미에서다."[2]

3. 보편적이다 교회는 공간과 시간의 제한을 넘어선 것이므로 보편적이다. 이 교회는 모든 시대의 모든 성도로 구성되며, 참된 교회의 특성을 반영한다. 모든 참된 지역 교회는 보편 교회의 일부고 그 자체로서 교회지만, 어떤 지역 교회 자체가 보편 교회를 이룬다고 말할 수는 없다. 그러나 지역적으로 나타나는 교회와 보편적으로 나타나는 교회 둘 다

그리스도의 몸이며, 그리스도를 반영하고 그리스도를 영화롭게 한다.

4. 사도적이다 교회는 사도들을 통해 주어진 성경에 기초하기 때문에 '사도적'이다. 복음과 "성도에게 단번에 주신 믿음"(유 1:3)은 예수님과 함께하도록 부르심받은 사도들을 통해 전해졌다. 바울은 에베소교회에 말하기를 "너희는 사도들과 선지자들의 터 위에 세우심을 입은 자라 그리스도 예수께서 친히 모퉁잇돌이 되셨느니라"고 했다(엡 2:20).

유명한 종교개혁가 존 칼빈은 말했다. "하나님 말씀이 순전히 선포되고 들리며 또 성례가 그리스도의 지시대로 거행되는 곳마다, 의심의 여지없이 하나님의 교회가 존재한다." 재침례교도와 침례교도는 종교개혁자들보다 더 나아가 '성도가 교회'라고 주장한다. 그들이 불가피하게 도달하는 결론은, 교회가 참된 성도들로만 구성되어야 한다는 것이다.

'성도들만'이나 '거듭난 교회'를 뒷받침하는 성경적 근거는 매우 분명하므로, 오늘날 그것이 어떻게 상실되었는지 이해하기가 힘들다. 오늘날 많은 교회에서 그것을 가볍게 여기는

것도 이해하기 힘들다.[3]

_교회의 표지와 멤버십: 일곱 가지 주요 특징

신약 교회임을 확인시켜주는 몇 가지 특징이 있다. 신약성경에 나오는 분명한 특징을 일곱 가지로 요약해 보면 다음과 같다.

1. 성도들만의 교회 멤버십

성경은 교회가 '거듭난 교회'여야 한다고 가르친다. 이는 '성도들'만이 구성원임을 뜻한다. 지역 교회 멤버십은 그리스도를 구주와 주님으로 고백하는, 그리고 회심의 증거를 보이는 삶을 사는 사람들로 구성되어 있다. 교회는 예수 그리스도의 주권 아래 함께 언약을 맺고 신앙을 고백하는 죄인들의 공동체다. 교회는 하나님이 죄라고 하시는 것을 죄로 지칭하고, 하나님이 죄라고 하시는 것에 대항하여 싸운다. 신약 교회는 교회 멤버십이 특권임을 분명히 한다. 교회 멤버십에는 분명한 요구와 기대가 따른다. 그것은 복음에 대한 이해, 구술적인 증언과 세례를 통한 공개적인 신앙고백, 그리고 그리스도 안에서 새로운 삶을 살려는 서원을 요구한다.

2. 성도들만의 세례

신약성경에서 예수 그리스도를 구주와 주님으로 고백하는 공개적인 예식은 세례다. 신약성경에 비추어 볼 때 '세례받지 않은 신자'는 모순된 말이다. 중생/회심과 분명히 연결되면서도 구분되는 세례는, 예수 그리스도를 믿는 자신의 신앙을 공개적으로 선언하는 방편이다. 신약성경의 세례는 특정한 구성원(성도), 방식(침수) 그리고 의미(그리스도 및 믿음 공동체와 공적 동일시)를 수반했다. 이것은 주님이 다시 오실 때까지 그리스도의 죽음을 기념하는 성찬식의 필수요건이다(고전 11:17-34).

3. 성경적 책임(교회 권징)

교회 권징에 대해서는 신약성경에서 분명하게 거듭하여 가르친다(마 18:15-20; 고전 5:1-13; 고후 2:5-11; 갈 6:1-4; 딛

3:9-11). 역사적으로 그리스도인들은 올바로 선포된 말씀, 제대로 거행되는 예식, 교회 멤버십과 더불어 교회 권징을 교회의 본질적 표지로 보아 왔다.

4. 말씀에 기초한 사역

성경의 무오성과 충족성을 믿는 이들을 위해 '신실한 강해'가 필요하다. 달리 말해, 설교는 내용에 있어 성경적이고 전달에 있어 역동적이어야 한다. 한편으로 강해적이고 신학적이며, 다른 한편으로는 실천적이고 적용할 수 있어야 한다. 우리는 복음전도의 '명령' 아래 신학적인 '마음 자세'를 지닌 강해적인 '방법'을 옹호해야 한다.

5. 성경적 리더십

오늘날 교회들은 교회행정과 직책에 대한(특히 장로에 대한) 성경적인 특성을 역할 및 수효와 관련해 다시 연구하고 있다. 이것은 건전한 현상이다. 성경은 장로(또는 목사)의 수효를 구체적으로 정하지 않는다. 초점은 그들의 자격에 맞춰져 있다(딤전 3:1-7). 적절한 조직을 갖춘 교회에는 회중이 임명한 장로와 집사가 있음을 성경은 분명히 밝힌다.

6. 선교, 복음전도 그리고 제자화

신실한 교회는 선교와 복음전도에 충실해야 한다. 사역을 통해 나는 이 진리를 절대적으로 확신하게 되었다. 어떤 교회도 선교와 복음전도에 우연히 충실해지는 경우는 없다. 의도적이어야 한다. 복음전도와 선교는 우선순위에 있어야 하고, 리더십의 발휘 대상이다. 우리는 그 일에 동참하도록 교인들을 훈련시켜야 한다. 편견 없이 복음전도에 참여하며, 해외까지 눈을 돌리도록 교인들을 독려해야 한다. 이는 복음의 진정성이 달린 문제다.

7. 건강한 성경신학

건강한 신학은 건강한 교회의 표지다. 신학은 우리의 생각으로 하나님께 영광 돌리게 하며, 예수님의 계명에 순종하게 한다(마 22:37-38). 건강한 교회는 방어적인 것뿐 아니라 능동적인 신학적 의제도 만들어낼 것이다. 우리는 성경적인 교리를 가르치고, 성경적인 교리를 사랑하며, 또 성경적인 교리를 선포해야 한다.

_ 교회의 사명은 무엇인가

이제까지 우리는 하나님의 임무, 이스라엘의 사명, 예수님
의 사명 그리고 우리의 사명과 관련해 중요한 질문을 제기해
왔다. 그렇다면 교회의 사명은 무엇일까?

브루스와 나는 교회의 종임을 자처하는 한 신학교(SEBTS)
의 일원이다. 그 노력과 확신의 결과 우리는 한 선교선언을
채택하게 되었는데, 이것은 교회의 사명이 무엇인지 보여주
는 거울과 같다.

"교회의 사명은 그리스도의 몸을 섬기며, 지상대명을 수행
하도록 구성원들을 준비시킴으로써, 주 예수 그리스도께 영
광을 돌리는 것이다."

이 문장에는 많은 내용이 담겨 있다. 그중 몇 가지를 살펴

보자.

- 교회는 주 예수 그리스도의 영광을 위해 존재한다(고전 10:31).
- 교회는 각 구성원이 각자의 역할을 하여 그리스도의 몸을 섬길 준비를 갖추게 하기 위해 존재한다(엡 4:11-16).
- 교회는 지상대명을 수행하기 위해 존재한다(마 28:18-20).

교회의 사명은 삼발의자 위에 놓여 있다. 우리는 하나님을 영화롭게 하고, 교회 안에서 제자도를 행하며, 교회 바깥으로는 우리 민족을 포함한 만민을 제자로 삼는다. 또 하나님의 영광과 만민의 유익을 위해 만민 가운데 하나님나라를 확장해 나가는 교회의 사명이, 두 가지 성경적 레일 위에서 전개되어야 한다고 믿는다. 하나는 지상대명이고, 다른 하나는 가장 큰 계명이다.

지상대명(만민에게 복음을)

가장 잘 알려진 지상대명 문구는 마태복음 28장 18-20절에 나온다.
누가의 기록은 누가복음 24장 46-48절과 사도행전 1장 8절에, 그리
고 마가의 기록은 마가복음 16장 15절에 나온다. 요한의 간략한 언급
은 요한복음 20장 21절에 나온다. 마태복음에서 주님은 모든 민족을
제자로 삼아, 예수님이 분부한 모든 것을 가르쳐 지키게 할 것을 명하
신다. 그 과정에서 "세상 끝 날까지" 항상 우리와 함께 계실 것을 약속
하신다.

지상대명에 몰두하는 이들이, 복음이 제대로 증언되지 않은 바깥 가장
자리들에 관심을 집중하는 것은 당연하다. 우리의 과제는 회심자를 만
드는 것이 아니라 제자를 만드는 것이다. 제자 삼기의 가장 중요하고
본질적인 요소가 마태복음 28장 20절에서 분명히 언급된다. "내가 너
희에게 분부한 모든 것을 가르쳐 지키게 하라" 이것은 힘겨운 일이다.
예수님이 명하신 모든 것은 신구약성경 66권 1,189장 31,103절을
포함한다.

이 명령 앞에서, 내 머리는 터질 것 같고 마음은 착잡해
진다. 그러나 예수님은 성경에서 명하는 모든 내용이 두 가
지 기본 명령으로 압축될 수 있음을 가르쳐주신다. 참으로
위안이 된다.

가장 큰 계명(하나님과 이웃을 사랑하라)

가장 큰 계명은 마태복음 22장 37-39절에 나온다. 온 존재로 하나님을 사랑하라는 명령은 신명기 6장 4-5절에서 비롯된 것이며, 쉐마로 알려져 있다. 경건하고 신실한 히브리인들은 매일 여러 차례 쉐마를 암송했다. 쉐마는 유대교 신앙의 핵심이다. 그 무엇보다 중요한 일은, 우리가 하나님을 사랑하는 것이다. 이웃을 사랑하라는 명령은 레위기 19장 18절에서 발견된다. 누가복음 10장 25-37절에서 예수님은 이웃 사랑의 좋은 예를 제시하신다.

요점 우리의 이웃은 궁핍에 처한 모든 사람이다. 하나님을 향한 사랑이 하나님의 형상으로 지음받은 사람들을 사랑하게 하므로, 인종적 국가적 사회적 문화적 경제적 장벽이 사라진다. 예외가 없다. 핑계도 없다.

결론

현재 지구에서는 왕이신 예수님이 교회의 머리시다. 성경은 교회를 그의 몸이라 지칭한다. 교회는 성령으로부터 활기와 힘을 얻는 놀라운 유기체다. 교회는 주님의 생각으로 생각할 수 있고, 주님의 관점을 지닐 수 있다. 이웃의 궁핍함을 볼 수 있는 눈이 있고, 민족의 부르짖음을 들을 수 있는 귀가 있다. 복음의 좋은 소식을 선포할 수 있는 입이 있고, 상처 입은 자에게 걸어갈 수 있는 다리가 있다. 고통 중에 있는 자를 안을 수 있는 팔이 있으며, 어려움에 처한 자를 도울 수 있는 손이 있다. 그리고 우리를 위해 고난당하신 왕을 위해 물집 잡힐 수 있는 발과 채찍에 맞을 수 있는 등이 있다. 교회로 불리는 이 몸은 이 세상에서 예수 그리스도를 증언한다.

따라서 우리의 목표는 건물을 짓거나, 예산을 늘리거나, 지식을 습득하거나, 현재의 정치적 사회적 안건에 몰두하는 것이 아니다. 우리의 목표는, 사람들이 그리스도 안에서 성숙해져 예수님처럼 생각하고 예수님처럼 살아가게 하는 것이다. 우리의 열정은 온 땅을 그리스도와 복음과 그의 나라로 채우는 것이다. 이 목표가 교회를 위한 안건이다. 다른 어떤 안건도 미흡하다.

지역 교회는 선교를 위한(복음을 열방에 전하기 위한) 훈련 센터다. 교회가 파송한다. 그리고 교회구성원들이 간다.

기도하는 마음으로 다음 서약에 서명하라.

나, ＿＿＿＿＿＿＿ 은(는) 향후 5주 동안 우리 교회를 위해 기도하겠습니다. 하나님이 우리 교회를 위해 리더로 세우신 목사님을 위해 기도하겠습니다. 우리 교회가 건강한 교회가 되도록, 계속 건강하도록 기도하겠습니다. 우리 교회가 선교사를 파송하는 교회가 되도록 기도하겠습니다. 내가 해외로 혹은 길 건너로, 어디로 파송되든 선교운동이 내게서부터 시작되기를 기도하겠습니다. 나는 우리 교회와 함께 가겠습니다.

서명 ＿＿＿＿＿＿＿＿

I AM GOING

3

나 는 간 다

·

이웃에게

I AM GOING

하나님은 우리 아버지(대니얼 애킨의 아버지)가 열아홉 살이었을 때, 그 마음속에 지상대명을 위한 열정을 심으셨다. 나는 열 살 때 내 죄를 회개하고 왕이신 예수님을 영접했다. 불행하게도 십대 때는 내 믿음이 자라지 못했으며, 내가 그리스도인임을 아는 친구들도 거의 없었다. 그때를 돌아보면 지금도 슬픔과 후회가 많이 남는다.

그러나 우리 하나님은 히브리서 12장 6절이 말하듯 "사랑하시는 자를 징계"하는 분이다(참조, 잠 3:12). 내 천부께서는 1976년 여름, 나를 개인적으로 징계하셨다. 한 달 동안 몸져

누웠던 까닭에 내 대학 야구선수 생활은 엉망이 되었다. 그러나 그렇게 된 것을 나는 매우 기쁘게 생각한다.

심각한 부상에서 회복하는 중에 중고등부와 청년 여러 명이 나를 방문했고, 그리스도 안에서 무조건적인 사랑을 보여주었다. 잭 포드햄이라는 사람은 복음을 전하며, 영혼 구원 사역을 시작하는 법을 알려주었다.

나는 소위 '목요일 밤의 방문'을 시작했다. 집집마다 다니면서 예수님을 전하는 사역이었다. 우리는 방문하는 집에 누가 있든 상관하지 않았다. 사람이라면 누구나 우리처럼 예수님이 필요할 거라고 생각했다. 나는 특히 고등학교 동기들을 방문했다. 목요일 밤에는 내가 문을 두드릴 거라는 말이 곧 퍼졌고, 그래서 목요일 밤에는 아예 집에서 나갈 궁리를 하는 친구들이 많았다. 내 생애에서 영적으로 크게 성장한 시기였다. 그 무렵 나는 누가 내 이웃인지에 대해 완전히 새로운 인식을 갖게 되었다.

1977년 여름이었다. 우리 교회는 지역선교뿐 아니라 수천 킬로미터 떨어진 곳의 선교사역에도 활동적이었다. 여러 해 동안 토호노오담 족으로 알려진 애리조나 주 셀즈 주변의 인

디언 부족과 양자결연을 맺어 왔다. 이 부족에는 알코올중독과 빈곤이 만연했다. 그러나 복음전도 활동은 매우 미미했다. 이교 사당이나 토템 장대들이 내 눈에 선하다.

우리는 뒤뜰 성경모임과 야간부흥집회를 하면서 일주일 동안 토호노오담 족과 함께 지냈다. 차를 몰고서 여러 마을을 다니기도 했다. 마을 중에는 160킬로미터가량 떨어진 곳도 있었다. 사막에는 속도제한이 없었으므로, 우리는 한 시간 안에 마을에 도착했다. 이러한 활동은 단지 설레는 여행 정도가 아니었다. 이 주에 많은 사람, 특히 아이들이 그리스도에 대한 믿음을 고백했다.

하나님이 나를 전임 복음사역자로 부르신 것도 이 여행 과정에서였다. 어느 월요일 밤 부흥집회에서 일어난 일이 어떤 것인지 정확히 규정하긴 힘들지만, 내 생애에서 그날 밤 하나님이 행하신 일에 대해 나는 결코 의심한 적이 없다. 그 선교여행은 여러 면에서 내 삶을 변하게 만들었다. 나는 그리스도를 섬기는 일과 관련해 새로운 소명감을 느꼈다. 그리고 누가 내 이웃인지 새로운 시각을 갖게 되었다. 내 이웃은 길 건너에 살 수도 있고, 해외에 살고 있을 수도 있다. 예수님의 이름으로 베푸는 사랑과 보살핌이 필요하다면, 누구든 혹은 어디서 살든 그들은 내 이웃이었다. 예수님은 선한 사마리아인 비유에서 이 점을 분명히 밝히셨다. 이웃 사랑에 대한, 그리고 예수님의 이름으로 어떻게 다른 사람을 사랑할 수 있는지에 대한 이 본문의 가르침을 고찰할 필요가 있다.

_누가 내 이웃인가

누가복음 10장 25-37절에는 선한 사마리아인 비유가 나온다. "내 이웃이 누구니이까"(29절) 하고 묻는 율법사에게 예수님은 이 비유를 말씀하신다. 율법사는 자신의 사랑에 한계와 제한을 두고자 했다. 내 친구 샘 스톰즈(Sam Storms)는 말한다. "그는 누구를 사랑할지, 그리고 누군가를 향한 자신의 사랑이 어느 정도일지에 대한 규칙을 나름대로 정해 두었다. 그래서 만일 누가 그의 이웃인지에 대해 예수님이 경계를 설정하시면, 그는 자신에게 '나는 다른 유대인들을 사랑해 왔어.' 또는 '나는 내 가족을 사랑해 왔으니 하나님의 인정을 받아 마땅해.'라고 말할 수 있었다. 달리 말해, 만일 그가 '네 이웃은 네 친구다.' 또는 '네 이웃은 네 혈육이야.'라는 예수님의 대답을 들을 수 있었다면, '나는 그들을 사랑해 왔으니 문제없어.'라고 자신에게 자랑스레 말할 수 있었다. 그랬다면 그는 안도감과 자부심을 지닌 채 돌아갔을 것이다."

예수님은 이웃 사랑에 대해 그처럼 허약하고 얄팍한 관점으로 안도하게 하지 않으셨다. 이 이야기에는 주요 등장인물 네 명이 나온다. 먼저 여행자가 나오는데, 그는 유대인임이 거의 분명하다. 그는 강도를 만나 심하게 폭행당한 채 내팽개쳐졌다.

샘 스톰즈는 설명을 덧붙인다. "강도들이 그 옷을 벗기고 때려 거의 죽게 했다는 점에 주목할 필요가 있다(30절). 1세기에 여행자들이 서로 신원을 파악할 수 있는 방법은 두 가지였다. 하나는 대화로 상대방의 억양에 주목하는 것이며, 다른 하나는 입은 옷을 관찰하는 것이다. 이 사람의 경우에는 두 가지 모두 불가능했다. 지나가는 이에게 자신의 신원을 알려줄 수 있는 표지가 없었다."

다음에 등장하는 사람은 종교지도자인 제사장이다. 그는

하나님을 알고 섬겨야 했던 사람이다. 그는 다른 사람을 사랑하며 동정심을 보여야 했다. 그런데 쓰러진 사람을 피하여 지나갔다. 마치 부상당한 사람을 보지 못한 것처럼 행동했다.

그 다음에 레위인이 등장한다. 레위인도 종교적인 사역자로서 주로 성전 관련 직무를 맡았다. 그 역시 제사장처럼 피해 지나갔다.

이어서 이 이야기의 핵심 인물인 사마리아인이 나온다. 1세기의 유대인 독자들은 이 이야기를 읽고 놀랐을 것이다. 사마리아인은 이방인과 통혼했다. 유대인은 그들을 혼혈아로, 그리심 산에 따로 성전을 세운 거짓된 예배자로 여겼다.

유대인은 사마리아인을 미워하고 저주했으며, 그들 중 누구도 구원해 주지 말 것을 하나님께 기도했다(참조, 요 4:9와 8:48). 간단히 말해, 유대인에게는 소위 '선한' 사마리아인이란 없었다. 그것은 모순된 말이며 넌센스였다.

제사장이나 레위인과 달리 사마리아인의 첫 반응은 자기방어나 본능적인 회피가 아니라 긍휼이었다. 예수님은 제사장과 레위인이 하지 않은 일을 사마리아인이 했다는 점은 물론, 강도들의 악행을 벌충했다는 점도 주목하게 하셨다.

그들은 그를 강탈했다./ 사마리아인은 그를 위해 숙박비를 지불했다.

그들은 그를 죽도록 방치했다./ 사마리아인은 간호받고 보살핌을 받도록 그를 맡겼다.

그들은 그를 버리고 떠났다./ 사마리아인은 돌아올 것을 약속했다.

이 비유는 예수님의 설명(36-37절)으로 끝난다. 예수님이 29절의 질문을 뒤집으신 것이 교훈적이다. "누가 내 이웃입니까?"라고 묻지 말고 "내가 누구의 이웃입니까?"라고 물으라는 것이다. "누가 내 이웃인가?"는 그릇된 질문이다. 예수님의 말씀은 인종과 나라와 사회적 경제적 신분이 어떠하든, 우리의 이웃이 아니라며 배제할 수 있는 사람은 없다는 뜻이다.

이 비유는 이웃의 정체성에 대한 내용이 아니다. 이웃으로서 그리고 예수님을 따르는 자로서 우리의 정체성에 대한 내용이다. 이것은 우리의 이웃이 누군지에 대한 내용이 아니라, 우리가 누군지에 대한 내용이다. 도움이 필요한 사람이 있으면 그가 누구든 그의 이웃이 되어야 한다는 것이다.

그리스도를 본받는 사랑은 사랑하거나 사랑하지 않을 자를 선택하지 않는다. 우리가 좋아하는 사람만을 사랑할 책임이 있다는 식으로 사람을 구별해서는 안 된다.

예수님을 따르는 자의 친절은 제한적이어서는 안 된다. 우리는 같은 신앙을 지닌 사람만 돕거나 사랑하도록 부름받지 않았다. 우리는 사랑이 필요한, 은혜와 긍휼의 손길이 필요한 모든 이에게 이웃이어야 한다. 예수님이 우리를 위해 하신 일이 바로 그것이 아닌가?

(이 내용의 많은 부분은 샘 스톰즈 목사의 통찰에 기초한 것이다.)

_지상대명은 선교사를 위한 것이다

최근 나는 꽤 학구적인 한 모임에서 강연했다. 나는 그런 모임을 농담조로 '공부벌레들의 복수극'이라 부른다. 농담은 농담이고, 나는 학구적인 형제자매를 매우 좋아하며, 주 예수 그리스도의 교회를 위한 그들의 소중한 기여에 대해 하나님께 감사드린다. 그들은 여러 모로 우리를 유익하게 한다.

내 발표 논문의 제목은 "지상대명 가족 세우기"였다. 지상 대명에 순종하는 건 모든 사람에게 해당하는 일이며, 가정에 서부터 시작되어야 한다는 것이 요점이었다. 그 내용은 대략 이렇다.

나는 성경적이면서 전략적이기를 원합니다. 부모나 조부 모들은 지상대명에 순종하는 것을 가정에서부터 시작해야 합니다. 물론 그것이 끝이어서는 안 됩니다. 그 이유를 묻는 질문에 대한 대답은 간명합니다. 그렇게 하는 것이 성경적이 기 때문입니다. 마태복음 22장 37절에서, 예수님은 "마음을 다하고 목숨을 다하고 뜻을 다하여 주 너의 하나님을 사랑하 라"가 가장 큰 계명임을 알려주십니다.

대부분의 자녀들은 부모의 발자취를 보고 따릅니다. 부모 가 사랑하는 것을 그들도 사랑합니다. 부모가 소중히 여기는 것을 그들도 소중히 여기고, 부모가 열정을 쏟는 것에 그들 도 열정을 쏟아요. 결국 부모가 그들의 영웅이죠.

첫 번째 롤모델이 누구냐고 십대에게 질문할 경우, 부모라는 대답이 가장 많습니다. 2015년 1월, Stageoflife.com에서 "이름 없는 영웅들"이라는 주제로 십대들을 조사했는데, 1위가 부모였어요. 1998년에는 《뉴스위크》가 동일한 사실을 보도했습니다. 자녀들은 부모가 생각하는 것에 관심을 갖고, 부모의 말에 귀 기울이며, 부모가 하는 일에 주목합니다. 지상대명에 관련해서도 마찬가지입니다. 부모의 말과 행동이 그들에게 중요합니다.

지상대명을 실행할 과제는 영적으로 특별한 사람들만을 위한 것이 아닙니다. 그것은 모든 사람을 위한 것이며, 각자의 집에서 가족과 함께 시작하되 거기서 끝나지 않는 것입니다. 우리는 지상대명을 자녀의 의식 속에 각인시켜, 우리 자녀들이 왕이신 예수님의 열정을 공유할 수 있게 해야 합니다. 지상대명은 우리 모두를 위한 것이며, 언제 어디서나 추구되어야 합니다.

_내가 이웃이다

두 가지 위대한 계명을 언급하면서, 예수님은 신명기 6장 4-5절에 레위기 19장 18절을 보태신다. 하나님을 사랑하는 내 마음은 그의 형상으로 지음받은 이웃에 대한 사랑으로 연결된다. 여기서 이웃은 제한적인 의미가 아니다. 모든 사람들 심지어 내 원수들마저 포함한다(참조, 눅 10:25-29).

어떤 이들은 '네 이웃을 너 자신처럼 사랑하라'는 말씀을 나르시스적인 의미로 잘못 생각한다. 그러나 나는 나 자신을 진정으로 사랑할수록 더 많이 나 자신을 부인하며 다른 이들을 사랑할 것이다. 이웃을 나 자신처럼 사랑한다는 것은, 나 자신의 필요를 채우려는 모든 에너지와 열정과 열심으로 다른 이들의 필요를 채울 것임을 뜻한다. 그러나 하나님을 가장 사랑함으로써만 다른 모든 이를 진정으로 사랑할 수 있다. 그리고 내가 다른 이들을 진정으로 사랑할 때 하나님을 가장 사랑함을 나타낸다. 예수님이 "이보다 더 큰 계명이 없느니라"고 말씀하신 것도 놀라운 일이 아니다.

몇 년 전, 돈 카슨(Don Carson)이라는 성경학자가 사우스

이스턴신학교에서 열린 한 학회에서 설교했다. 다른 이들을 사랑함에 대해 많은 것을 생각하게 한 학회였다. 그는 성경 해석에 관련해서도 유익한 가르침을 주었다. 그는 레위기 19장 18절이 실제로 놓인 문맥에 유념할 것을 권했다. 거기서 우리는 이웃을 우리 자신처럼 사랑하는 것이 많은 것을 뜻함을 발견한다. 그 의미는 이렇다.

1   가난한 자를 보살핌(19:10).

2   도적질하지 않음(19:11).

3   거짓말하지 않음(19:11).

4   공정하게 거래함(19:13).

5   청각장애인을 돌봄(19:14).

6   시각장애인을 돌봄(19:14).

7   모든 일을 공의롭게 처리함(19:15).

8   비방을 피함(19:16).

9   이웃의 피를 흘리지 않음(19:16).

10 형제를 마음으로 미워하지 않음(19:17).

11 필요할 때는 이웃을 질책함(19:17).

12 다른 이들에게 보복하거나 원망하지 않음(19:18).

하나님은 이웃을 우리 자신처럼 사랑하라고 말씀하실 때, 그 사랑의 의미를 우리의 상상에 맡기지 않으신다. 이웃 사랑은 이처럼 구체적이다.

_ 나는 선교사다

바울은 자신이 세우지 않았고 방문한 적도 없는 교회에 로마서를 써 보냈다. 국제선교국 국장인 데이비드 플랫(David Platt)은 로마서를 일종의 선교기금 모금 편지라 지칭한다. 로마서 15장에서 바울은 로마인들에게 직접 말한다. "이는 지나가는 길에 너희를 보고 먼저 너희와 사귐으로 얼마간 기쁨을 가진 후에 너희가 그리로 보내주기를 바람이라"(24절). 달리 말해, 바울은 그들이 바울과 함께 선교에 동참하기를 원했다. 바울은 복음을 들어본 적 없는 자들에게 선한 이웃이었다.

로마서 15장 14-24절에서, 바울은 지상대명 수행자의 여섯 가지 표지를 제시한다. 지상대명 수행자의 본질을 묘사하고, 하나님의 일하심의 넓이를 설명하며, 지상대명의 긴급성을 강조한다.

이 여섯 가지 표지를 살펴보자.

1. 초점 지상대명 수행자의 첫째 표지는 '여러 선한 일 가운데서 가장 중요한 일에 계속 초점을 맞추는 것'이다(14-16절). 바울은 로마 교회가 선한 일을 많이 하고 있음을 확신했다. 그들은 선함이 가득했고, 지식으로 가득했으며, 서로 권면할 수 있었다(14절). 이 신자들은 좋은 신학에 기초한 선한 삶을 살고 있었다.

'선함'(the good)이 항상 '최선'(the best)의 가장 큰 장애물임을 알았으므로, 바울은 '이방인을 위한 그리스도 예수의 일꾼'으로서의 소명을 로마 교회에 상기시켰다. "이방인"(16절)이라는 말은 이 문맥에서 바울이 묘사하려는 내용을 충분히 드러내지 않는다. 마태복음 28장 19절에서와 마찬가지로, 이 문맥에서 이 단어는 '민족들'로 번역되는 것이 더 낫다. 민족은 정치적 국가적 경계를 가리키는 것이 아니라 언어와 문화와 정체성에서 구별됨을 가리킨다.

바울은 대부분의 그리스도인과 교회가 선한 일을 많이 한다는 것을 알고 있었다. 우리도 선한 일을 계속해야 한다. 그러나 바울처럼 우리의 도전은 가장 중요한 일에 계속 초점을 맞추고, 모든 나라와 민족을 제자로 삼는 일이다. 우리는 모든 민족에게 이웃이 되어야 한다.

2. 자각 지상대명 수행자의 둘째 표지는 '모든 민족을 예수님께 인도하는 것이 하나님을 경배하는 행위임을 자각'하는 것이다(롬 15:16, 19). 선교와 신학을 함께 고찰하면, 선교가 하나님을 경배하는 일임을, 그리고 선교의 동기가 율법적 죄책감이 아니라 감사임을 이해하게 된다. 우리는 선교와 신학이 언제나 함께 연결되어야 함을 믿는다. 사실 역사상 가장 위대한 선교사는 가장 위대한 신학자였다. 그의 이름은 예수였다. 또 역사상 가장 위대한 기독교 신학자도 가장 위대한 선교사였다. 그는 사도 바울이다. 바울이 위대한 신학자인 것은 선교사였기 때문이다. 선교사가 아니었다면 위대한 신학자도 아니었을 것이다. 따라서 하나님과 모든

민족과 이웃을 향한 열정에서 비롯되지 않은 신학은 기독교 신학이 아니다.

3. **그리스도 중심** 지상대명 수행자의 셋째 표지는 '그리스도 중심의 삶으로 오직 그리스도만을 자랑하는 것'이다(롬 15:17-19). 이 선교 선언에서, 바울은 하나님을 위한 자신의 수고를 자랑스럽게 여기지만, 오직 그리스도 덕분이라고 말한다(17절). 바울은 민족들을 순종하게 하기 위해, 그리스도께서 바울을 통해 이루신 일에 대해 말한다(18절). 그리스도 중심의 태도가 우리의 생각과 말과 삶에 근본적인 영향을 미침을 바울은 알고 있었다.

4. **복음 중심** 지상대명 수행자의 넷째 표지는 '복음 중심성과 복음의 특성을 결코 간과하지 않는 것'이다(롬 15:16, 19-20). 로마서는 복음의 책이며, 그 주제는 로마서 1장 16-17절에서 드러난다. 바울은 구원의 능력이 자신이나 어떤 사람에게 있지 않음을 알고 있었다. 구원의 능력은 하나님의 성령을 통해 죄인의 삶에서 역사하는 복음 안에 있다(롬 1:16, 19).

복음의 능력에 대한 바울의 주장은 '복음이란 무엇인가?'

하는 질문을 생각하게 한다. 교회에 대한 마크 트웨인의 언급("교회는 선한 사람들 앞에서 선하게 되는 방법을 말하는 선한 사람들이다")과 유사하게 복음을 이해하는 것은 잘못이다. 안타깝게도 많은 교인들이 이와 유사한 방식으로 복음을 규정한다. 주일예배에 출석하는 이들 중 50퍼센트가 복음을 잘못 이해해 구원과 무관하다는 사실을 빌리 그레이엄은 여러 해 동안 한탄했다. 몇 년 전 그와 함께 시간을 보낼 기회가 있었는데, 그때 나는 여전히 그렇게 믿느냐고 물었다. 서글프게도 그는 "아니요. 그 비율이 훨씬 더 높아졌어요." 하고 대답했다.

다음은 '복음이란 무엇인가?'에 대한 답으로 유익한 몇 가지 요약된 진술이다.

· 어느 트위터 글 "복음은 왕이신 예수님이 죽으셔서 죄의 대가를 온전히 지불하고 다시 살아나셨으며, 그래서 죄를 회개하고 그를 의지하는 모든 이를 구원하신다고 하는 좋은 소식이다."

· 분명한 대조 "세상의 모든 종교는 '하라'와 '행해졌다'라

는 두 단어 중 하나로 표현될 수 있다. 기독교는 '행해졌다'로 표현되는 종교다. 우리가 구원받는 것은 자신이 무엇을 행해서가 아니라 우리를 위해 그리스도께서 행하신 일로 인해서다.

• **놀라운 선언** "복음은 하나님이 우리를 죽일 필요가 없도록 자신의 아들을 죽이셨다고 하는 좋은 소식이다."(사 53:10을 보라)

• **놀라운 약속** "복음은 예수님을 지닌 자가 모든 것을 지닌 사람이라는 좋은 소식이다." 그리고 "예수님 없이 모든 것을 지닌 자는 아무것도 갖지 못한 사람이다."(막 8:36을 보라)

5. **긴급성** 지상대명 수행자의 다섯째 표지는 '예수님의 이름을 들어본 적 없는 자들에게 복음을 전하려는 열심으로 가득한 것'이다(롬 15:20-24). 이웃 사랑에 대한 증거로서 이보다 더 큰 것은 없다. 흔히 신자들은 말한다. "가장 멀리까지 비추는 빛은 집에서 가장 밝게 빛난다." "선교는 예루살렘에서 시작된 다음 땅 끝까지 나아간다." 또는 "구원받지 못한 사람은 알제리, 오만, 라오스에만 있는 것이 아니라 아

칸소, 오클라호마, 루이지애나에도 있다." 이런 말은 좋은 의도를 지닌 것이기는 하나, 신학적으로나 선교학적으로 하나님의 일하심의 넓이에 대한 근본적인 오해를 드러낸다. 선교학적으로 문제는 구원받지 못한 상태가 아니라 복음을 접하지 못한 상태다. 신학적으로 이 신념은 사도 바울의 전략과 사도행전 1장 8절에서 제시한 방법론을 잘못 이해한 것이다.

바울은 이르기를 예루살렘부터 일루리곤(현대의 알바니아)까지 이르는 자신의 복음사역을 완수했다고 말하며(롬 15:19), 또한 예수님의 이름이 알려지지 않은 곳에서 복음을 전하려는 야심을 품고 있다고 말한다(롬 15:21; 참조, 사 52:15). "이제는 이 지방에 일할 곳이 없고"(롬 15:23-24)라고 말하면서, 바울은 서바나로 향할 것이며 지나는 길에 로마를 방문할 뜻을 담대히 밝혔다.

바울의 말은 물음을 야기한다. '그런 지역에서 복음을 들을 필요가 있었던 이웃들 모두 복음을 들었을까?' '그 지역 사람들을(이웃들)을 접하기 위해 필요한 교회가 모두 개척되었을까?'

분명 바울은 이 질문에 아니라고 대답했을 것이다. 다만 그는 그리스도의 이름이 알려지지 않은 곳에 복음을 전하려는 열심으로 가득했다. 하나님은 우리더러 바울의 열정을 본받을 것을 요구하신다.

6. 모두의 사명임을 자각함 지상대명 수행자의 여섯째 표지는 '사명 완수를 위해 각자 맡은 역할을 행한다'는 점에서 각자 사역의 긴급성을 강조한다(롬 15:24). 바울은 모든 신자가 자신의 자원과 재능을 하나님의 목적을 위해 사용하도록 부르심받았다고 주장한다.

바울은 예수님의 이름을 들어본 적 없는 서바나에 복음 전하기를 원했지만, 그렇게 하기 위해서는 물질적 지원이 필요했다. 그래서 로마 교회에 도움을 요청했다. 우리 각자는 이웃이며 선교사다. 우리가 선교적 이웃 사랑에 더 많은 노력을 기울일 필요가 있지 않은가?

_ 결론

제임스 프레이저(James Fraser)는 엔지니어로서 장래가 촉망되는 런던 대학생이었다. 또 뛰어난 피아니스트였다. 그러나 그 모든 것을 뒤로 하고, 중국의 소수민족인 리수 족 선교사로 여생을 거기서 보냈다. 많은 이들의 눈에 비합리적이며 미친 짓으로 보였던 이 같은 방향 전환을 하게 한 것은 무엇일까?

그는 *Do Not Say*라는 소책자를 읽게 되었다. 하나님은 그의 시야를 넓히고 관점을 변화시키기 위해 그 책을 사용하셨다. 길 건너 복음이 필요한 사람들만이 이웃이 아님을 그는 이해하기 시작했다. 어느 곳에 있든 복음이 필요한 모든 이들이 그의 이웃이었다. 리수 족 중에는 신자가 없었다. 그들에게 예수님을 전해 줄 선교사도 없었다. 복음을 접할 기회가 전혀 없던 그들에게 누군가 가서 이웃 사랑을 보여주어야 했다. 제임스 프레이저는 갔고, 오늘날 서부 중국에는 30만 명의 리수 족 그리스도인이 있다. 미얀마와 태국에도 그리스도인이 많은 것으로 추산된다. 프레이저를 결단하게 만든 그 소책자의 핵심 부분은 이렇다.

'온 세상으로 가서 모든 이들에게 복음을 전하라'는 명령
이 주어졌다. 이 명령은 완수되지 않았다. 세계 인구의 절반
이상이 복음을 들어본 적이 없다. 이 점에 대해 어떻게 생각
해야 할까? 우리 그리스도인은 이 사실을 진지하게 생각해야
한다. 우리에게 책임이 있기 때문이다. … 만일 주님이 오늘
재림하시어 복음을 접하지 못한 이들이 너무나 많음을 알고
는 우리에게 해명을 요구하신다면, 나는 어떻게 설명해야 할
지 모르겠다. 한 가지 확실한 사실은, 현재 우리가 익숙해져
있는 핑계 대부분을 그때는 부끄러워해야 한다는 것이다.

사도행전 1장 8절은 복음 진전과 지상대명 순종을 위한
유익한 패턴과 전략을 제공한다. 이 말씀은 우리가 현재 있
는 곳에서 일하되 거기 머물지 말 것을 가르친다. 우리는 우
리의 도시와 나라와 열방으로 동시에 나아가길 원한다. 이
대상들 중 어느 것도 무시해서는 안 된다. 복음 전하는 방법
은 그리스도인마다 그리고 교회마다 다르다. 성경적인 순종

의 핵심은 우리 각자의 예루살렘과 유대와 사마리아와 땅 끝에서 적극적으로 무엇인가를 실행하는 것이다.

고려할 몇 가지 방안은 다음과 같다.

- 이웃을 초청하는 일에 적극적인 그룹을 만들자. 두려워하고 외로워하며 친분을 맺고자 하는 외국인에게로 눈을 돌리자.
- 어떤 학교와 양자결연을 맺고, 그 학생들을 그리스도의 사랑으로 돌보라.
- 설교와 기도와 다른 가르침을 복음 중심으로 하며, 무오한 성경본문을 근거로 진행하자. 다양한 부류의 사람들에게 성경말씀을 적용하는 일에 유의하자.
- 복음을 접하지 못한 종족과 양자결연을 맺자. 그들에 대한 소식을 정기적으로 전하고, 그들을 위해 기도하며, 여건이 주어진다면 단기 선교여행으로 그들을 섬기자. 그들의 거주지로 이주하여 교회 개척을 도울 가정을 독려하자.
- 이민족 교회나 이주 노동자와 다른 단기 체류 노동자들

을 포함한 소수민족들 중 복음을 받아들이는 이들과 협력하자.

• 교회에서 매년 하나 이상의 복음전도 훈련코스를(에) 계획하자(참석하자). 다른 교회(특히 더 작은 교회)도 참여하도록 초청하자.

• 인종적 사회적 또는 경제적 지위와 상관없이, 지역사회 내의 모든 사람에게 복음을 전하기 위한 포괄적인 전략을 교회에서 개발하자. 이는 가가호호 복음전도, 주민 파티, 섬김 전도 프로젝트, 일대일 멘토링, 방과 후 프로그램, 대학 캠퍼스 전도활동, 혁신적인 전도 행사, 이웃 성경공부, 복음전도 자선 사역 등을 포함한다.

_길 건너편으로 갈 것인가,
세상으로 갈 것인가? 아니면 둘 다로?

배운 내용에 비추어 다음 공란을 채우라.

당신이 복음을 전하고 싶은 이웃을 세 명 적어보라.

소명을 분명하게

이 세 이웃은 지역적이다. (　　)

이 세 이웃은 국제적이다. (　　)

서명

나, _____ 은(는) 이웃에게 갈 것이다.

I AM GOING

4

나 는 간 다

●

열방으로

I AM GOING

몇 년 전 나(대니얼 애킨)는 아내 샬롯과 함께 동남아시아에 있었다. 우리는 매우 힘들고 위험한 지역에서 신실하게 예수님을 섬기는 소중한 형제자매와 함께 한 주를 보냈다. 내게는 이들과 그 가족이 믿음의 영웅이다.

그들에게 말씀을 전하는 것이 그 주간 내 임무였다. 신실한 강해자와 신학자이기 위해, 그리고 그들의 신성한 임무를 격려하기 위해 나는 최선을 다했다. 그런데 격려받은 사람은 샬롯과 나였다. 악한 자(사탄)의 요새를 무너뜨리고, 어둠의 거짓된 우상과 죄에 사로잡혔던 자들을 해방시킨 복음에 관한 이야기를 들었다. 한 사람씩 연이어, 주께서 행하셨고 또 하고 계신 일들을 겸손히 이야기했다. 심지어 개인적인 비극과 슬픔 가운데서도, 그들은 주님의 은혜와 자비와 신실하심을 찬양했다. 샬롯과 나는 우리의 영적 가족과 함께 기도하며 울었다.

그런가 하면 가슴 아픈 경험도 했다. 내 마음을 찔렀던 그날 밤의 광경을 나는 생각조차 하기 싫다. 샬롯과 나는 몇몇 부부에게 저녁식사를 대접하고자 했다. 정해 둔 식당으로 가는 길에 차량이 어느 거리로 들어섰을 때, 당혹스러운 광경이 눈에 들어왔다. 길 양편으로 매춘부 수백 명이 줄지어 서 있었다. 최소 1.6킬로미터는 되어 보였다. 매춘부 중에는 기껏해야 11-12세가량 되어 보이는 아이도 있었다. 중고등학생 정도의 여자아이들이 야한 유니폼을 입고 서 있었다. 그들의 표정을 나는 결코 잊지 못한다. 슬픔과 공허함과 절망감이 선명하게 새겨진 표정이었다. 미소마저 강요된 것인 듯했다. 그들 중 대부분이 속아서 유괴당한 것임을 나는 나중에 알았다. 성-노예 상인들은 무지하고 의심할 줄 모르는 부모들을 노려, 그들의 자녀를 '큰 도시'에서 더 나은 삶을 살게 해주겠다고 약속했다. 시골 사람들이 특히 잘 속았다. 그들의 비극적인 표정이 내 마음을 찔렀다. 어딘가에 그들의 엄마 아빠가 있다. 그들은 자신의 소중한 딸에게 어떤 일이 닥쳤는지 알고나 있을까? 나는 경험해 본 적 없는 슬픔과 절망감에 압도되었다. '하나님, 제발 좀 어떻게 해주소서. 주님의 대사인 우리가 뭔가를 해야 합니다!'

후에 내 친구 돈(Don)은, 일행 두 명과 함께 그 매춘부 거리를 걸어 지나가면서 15,000개 이상의 기독교 자료를 건네주었다고 한다. 소책자와 성경 그리고 〈예수 영화〉(The Jesus Film)가 그 밤의 여성들에게 전달되었다. 그 여성들이 그들을 '마사지실'로 끌어들이기 위해서가 아니라, 예수님에 대한 자료를 받기 위해 쫓아오기도 했다고 한다. 위대하신 우리 하나님의 이 특별한 피조물을 이용하려 했던 남자들의 성난 눈매와 그 여성들의 미소가 뚜렷이 대조되었다고 한다. 그리고 자료를 모두 나눠준 후 그 거리를 되돌아오면서, 〈예수 영화〉가 마사지실 안의 비디오로 상영되고 있는 것을 보고서 깜짝 놀랐다고 한다. 두말할 나위 없이 적어도 그날 밤에는, 세계에서 꽤 규모가 큰 매춘 거리 중 하나에서 사탄이 심각한 타

격을 입었다.

그 이후로 나는 국제선교국이 성-노예 산업에서 이 여성들을 구해내기 위해 구체적으로 사역하는 것을 보았다. 우리에게는 기회는 있지만 일꾼이 거의 없다. 기꺼이 가려는 이들을 파송하기 위한 자금이 부족한 것도 문제다. 당연히 그 일은 위험으로 가득하다. 그러나 왕이신 예수님을 섬기는 일이 안전해야 한다는 생각이 과연 타당한가?

매춘 거리를 걸어갔던 날 밤, 나는 그리스도 없는 세상의 허망함과 어둠을 새롭게 절감했다. 하나님의 백성에게 복음과 지상대명에 철저한 것보다 더 시급한 일은 없을 것 같았다. 열방은 소망을 갈구하고, 그 소망은 우리에게 있다. 열방은 구제를 갈구하고, 그 구제는 우리에게 있다. 열방은 생명을 갈구하고, 그 생명은 우리에게 있다. 열방은 구원을 갈구하며, 그 구원은 우리에게 있다.

지상대명 수행을 위해 기도하며 일할 필요성을 느끼고 싶은가? 매춘 거리를 지나가보라. 필요 이상의 동기를 발견할 것이다.

_ 열방은 누구인가

이것은 쉬운 질문처럼 보이지만, 그 대답은 시대에 따라 변한다. 열방은 지구 곳곳에 위치한 여러 나라와 정부들이다. 21세기 초인 현재 지구상에는 196개국이 있다. 이들이 열방이다. 그럴까?

성경에서 사용하는 이 단어의 의미는 그렇지 않다. 성경은 다른 어떤 것을 염두에 둔다. 예수 그리스도의 복음을 거의 또는 아예 접하지 못한 많은 사람에 대한 어떤 것이다.

앞에서도 보았듯이, 주 예수님은 마태복음 28장 18-20절에 수록된 소위 '지상대명'을 우리에게 주셨다. 이것은 예수님이 승천하기 전에 주신 유언이다. 유언은 지속적인 말씀, 곧 지속적으로 영향을 미치고 인상을 남기기 위한 것이다. 이 마지막 말씀에서, 예수님은 제자들에게(제자에는 우리도 포함된다) 모든 민족에게 가서 제자를 삼으라고 명하셨다. '민족'에 해당하는 헬라어는 '에스네'(*ethne*)다. 영어단어 'ethnic'이 이 헬라어에서 유래했다. 이 단어는 나라나 정치적 실체를 가리키지 않는다. 그보다는 선교학자들이 '종족 집단'이라 부르는 것을 가리킨다. 이들은 자신의 독특한 문화와 정체성과 언어를 지닌 사람들이다. 대부분의 영역 성경은 헬라어 '에스네'를 '이방인들'(Gentiles)로 번역하지만, 선교적 문맥에서는 '종족 집단'이 더 유용하다.

이제 우리는 매우 중요한 질문을 제기하며 답할 필요가 있다. 이 질문에 답하기 위해 미국 남침례교회 국제선교이사회(IMB, International Mission Board)와 '여호수아 프로젝트'의 자료를 활용할 것이다. 이 자료는 온라인 상으로 쉽게 접할 수 있다.

- 첫째, 현재 세계 인구는 몇 명인가?

  답: 72억5천만 명 이상
- 둘째, 오늘날 세계의 종족 집단 수효는?

  답: 거의 11,500개
- 셋째, 복음을 제대로 접하지 못한 종족 집단은 어느 정도인가?

  답: 6,800개 이상
- 넷째, 지구상에서 복음을 아예 접하지 못하거나 제대로

접하지 못한 사람의 수효는?

답: 37억8천만 명

이것은 놀라운 통계 자료다. 우리 마음을 진지하게 만든다. 우리 그리스도인들의 많은 수효와 자원과 기술과 물질에도 불구하고, 이 시대에 전 세계에 걸쳐 예수님의 이름을 듣거나 복음을 분명히 제시받아 본 적이 전혀 없는 사람들이 여전히 있음을 생각하면 무척이나 놀랍다. 당신이 이 글을 읽고 있는 이 순간에도, 지구상에는 여러 날 또는 여러 주, 심지어 여러 달을 걸어 다녀도 교회를 찾아볼 수 없고, 한 사람의 그리스도인을 만날 수도 없는 곳이 있다. 예수님이 피 흐르는 십자가에서 죽으실 때 마음에 두셨던 민족이 바로 이들이다. 인자가 자기 목숨을 대속물로 주고자 오신 것이 바로 이 종족 집단을 위함이다(막 10:45). 예수님이 하늘로 돌아가시기 전에 우리더러 제자로 삼을 것을 명하신 대상이 바로 이들이다. 주님의 마지막 지시에 우리가 순종하지 않는다면, 이들은 주님을 통한 구원의 좋은 소식을 듣지 못하여 결국 지옥으로 갈 사람들이다. 복음의 배타성, 즉 오직 예수님

안에만 구원이 있다는 사실은 요한복음 14장 6절에서 예수님이 분명히 말씀하셨다. 사도행전 4장 12절에서 베드로가, 그리고 디모데전서 2장 5절에서 바울도 분명히 언급한 사실이다. 구원자는 여럿이 아니라 한 분이며, 바로 주 예수 그리스도시다. 복음도 여럿이 아니라 단 하나이며, 그것은 바로 왕이신 예수님의 복음이다. 열방에게 절실하게 필요한 것이 바로 이 메시지다.

"복음은 제 때 필요한 곳에 있을 때만 좋은 소식"이라고 말한 유능한 감리교도 정치가이자 신학자인 칼 F. H. 헨리(Carl F. H. Henry)의 말은 절대적으로 옳다. 선교사 존 팔코너(John Falconer)가 "내게는 생명의 양초가 한 자루뿐이며, 나는 그것을 빛으로 가득한 땅에서보다는 어둠으로 가득한 땅에서 밝히기를 원한다"고 선언한 것도 바로 이 사실에 기인한다고 생각한다. 열방은 어둠으로 가득한 땅이다. 복음의 불빛이 필요한 곳이다.

지상대명에 순종하는 그리스도인이 될 때 희생이 따를까? 답은 '그렇다'이다. 그 희생은 예수님의 제자로서 예수님을 따를 때 수반되는 것과 같은 희생이다. 우리 주님의 설명을 들어보자.

마가복음 8장 34-38절에서, 예수님은 제자들과 무리에게 '정상적인 그리스도인의 삶'의 본질, 즉 제자화의 기초를 제시하신다.

"누구든지 나를 따라오려거든 자기를 부인하고 자기 십자가를 지고 나를 따를 것이니라 누구든지 자기 목숨을 구원하고자 하면 잃을 것이요 누구든지 나와 복음을 위하여 자기 목숨을 잃으면 구원하리라 사람이 만일 온 천하를 얻고도 자기 목숨을 잃으면 무엇이 유익하리요 사람이 무엇을 주고 자기 목숨과 바꾸겠느냐 누구든지 이 음란하고 죄 많은 세대에서 나와 내 말을 부끄러워하면 인자도 아버지의 영광으로 거룩한 천사들과 함께 올 때에 그 사람을 부끄러워하리라"

서글프게도 우리 시대에는, 예수님이 정상적인 그리스도인의 삶으로 묘사하신 것이 '급진적인 그리스도인의 삶'처럼 보인다. 노스캐롤라이나의 복음전도자 반스 해브너(Vance Havner)가 이를 재치 있게 표현했다. "그리스도인 대부분은 아주 정상 이하여서(subnormal), 정상적인(normal) 상태로 돌아가면 자신이 비정상적이라고(abnormal) 생각한다." 예수님의 제자가 되기 위해서는 마가복음 8장 34절에서 말하는 세 가지 필수 사항이 요구된다.

1. **부인** 먼저, 우리는 자신을 부인해야 한다. 스스로 결정하는 권리를 포기해야 한다. 우리는 그리스도께서 인도하시는 대로 살아야 한다. 우리 자신과 우리의 계획과 안락과 목표와 열망보다 예수님을 더 소중히 여겨야 한다. '나라는 우상'을 죽여야 한다. 자신을 부인하고 예수님을 따라야 한다.

2. **죽음** 둘째, 우리는 자신의 십자가를 져야 한다. 우리는 죽어야 한다. 예수님을 따르는 것이 매일의 죽음을 수반하므로, 누가복음 9장 23절은 "날마다"라는 말을 덧붙인다. 나는 매일같이 죽어야 한다. 솔직해지자. 죽기를 결심하는 것

은 '자연적'이지 않다. 그러나 그것은 그리스도의 제자이기 위해 '필수적'이다. 그것은 빠른 죽음이 아니다. 고통스럽고 느린 죽음이다. 십자가의 죽음이다.

3. 따름 끝으로 예수님은 "나를 따르라"고 말씀하신다. 우리는 기꺼이 예수님을 믿는가? 기꺼이 예수님께 순종하는가? 어떤 상황에서도 기꺼이 예수님을 신뢰하는가? 미국 남침례교회 국제선교이사회 대표인 데이비드 플랫은 주 예수님께 백지수표를 드렸다고 말한다. 당신도 그렇게 할 수 있는가? 나는 그렇게 할 수 있을까? 그것은 급진적이며 편안하지 않다. 자기중심적 삶의 죽음을 수반하기 때문이다. 내가 그분을 위해 살려면 자신에 대해 죽어야 한다.

만일 우리가 자신의 생명과 영혼을 다른 무엇보다 소중히 여기면 그것을 잃을 것이다. 자신의 존재를 예수님보다 더 중요하게 여기는 자는 예수님과 영생 둘 다 잃을 것이다.

반대로, 예수님과 복음을 위해 자신의 생명을 잃는 자는 그것을 지키게 될 것이다. 여기서 '복음'을 덧붙인 기자는 마가뿐이다. 예수님은 자신을 따르는 것이 모든 것(이 세상에서 만족과 안전)을 잃을 위험을 수반한다고 분명히 말씀하신다. 예수님은 자신을 따르는 것이 이 세상에서 결코 얻을 수 없는 상급으로 이끌 것임도 약속하신다.

하나님의 영광과 복음은 목숨을 바칠 만한 가치가 있다. 자신이 죽음으로써 다른 이들을 살릴 수 있다. 그리스도와 다른 이들을 위해 모든 위험을 무릅쓰는 것이다. 안전하지 않은 일이다. 그러나 그것은 최선이며 그럴 만한 가치가 있다. 또 그것은 정상적인 그리스도인의 삶이다. J. I. 패커는 말한다. "우리가 부단히 복음전도에 박차를 가하게 하는 두 가지 동기가 있다. 하나는 하나님을 향한 사랑과 그의 영광을 위한 관심이다. 다른 하나는 사람에 대한 사랑과 그의 행복을 위한 관심이다." 복음에 감사하는 마음이 우리로 하여금 예수님과 복음을 위해 희생을 감수하게 한다.

우리가 바울처럼 "내게 사는 것이 그리스도니 죽는 것도 유익함이라"(빌 1:21)고 말할 수 있을 때, 자유롭게 정상적인/철저한 그리스도인의 삶을 살게 된다. 존 파이퍼는 빌립보서 1장 21절을 그리스도인의 원원 시나리오라고 지칭한다. 만일 내가 살면 그리스도를 얻는다. 만일 내가 죽으면 그리스도를 더 많이 얻는다. 어떻게 하든 나는 이긴다!

마가복음 8장 36절에서 예수님은 "사람이 만일 온 천하를 얻고도 자기 목숨을 잃으면 무엇이 유익하리요" 하고 물으신다. 대답은 '아무런 유익도 없다'이다. 37절에서는 "사람이 무엇을 주고 자기 목숨과 바꾸겠느냐" 하고 물으신다. 이에 대한 대답도 '어떤 것으로도 바꿀 수 없다'이다.

디트리히 본회퍼는 정상적인 그리스도인의 삶이 어떠해야 하는지를 이해했다. 그 길이 힘들 수 있지만, 그 길과 목적지는 영광스럽다.

모든 그리스도인 위에 십자가가 놓여 있다. 모든 사람이 직면해야 하는 첫째 고난은 이 세상에 대한 집착을 포기하는 것이다. 그리스도와 만난 것에 따른 결과는 옛 사람의 죽음이다. 제자화 과정에서 우리는 그리스도의 죽음과 연합하여 자신을 그분에게 복종시킨다. 자신을 죽음에 넘긴다. 이것은 시작이다. 십자가는 행복한 삶의 끔찍한 종말이 아니라 그리스도와 친교의 시작이다. '그리스도께서 인생을 부르신 것은 죽게 하기 위함이다…' 그러나 그것은 예수 그리스도 안에서 죽음이며 옛 사람의 죽음이다. 예수님이 젊은 부자에게 죽을 것을 권하셨다. 이는 자신의 뜻에 대해 죽은 사람만이 그리스도를 따를 수 있기 때문이다. 사실 예수님의 모든 명령은 우리더러 모든 애정이나 탐욕과 함께 죽으라는 것이다. 그러나 우리는 죽기를 원하지 않는다. 제자화, 그리고 예수 그리스도의 이름으로 받는 세례는 죽음과 생명 둘 다를 뜻한다.[4]

우리는 모두 그리스도와 복음을 위해 죽고 진정으로 사는 법을 배워야 한다. 희생을 예상하는 것은 정상적인 그리스도인의 삶이다.

_나는 선교사다

찰스 스펄전은 "모든 그리스도인은 선교사 아니면 사기꾼"이라고 말했다. 이 말을 잘못 이해하면 혼란에 빠질 수 있다. 스펄전의 말이 옳다면, 나는 그리스도인이 아닐 수도 있다.

그러나 올바로 이해한다면 이 말은 도전적이며, 우리를 자유롭게 한다. 우리는 매우 솔직하며 실제적일 필요가 있다. 모든 사람이 열방으로 건너가지는 않지만, 모든 사람이 열방에 나아가는 일을 위해 중요한 역할을 담당한다. 우리가 맡은 역할을 수행할 때 선교사역에 동참하는 셈이다. 우리는 모두 선교사다. 모두가 지상대명에 순종하는 셈이다. 따라서 우리 모두에게 필요한 첫 질문은 '내 역할이 무엇인가?'이며, 둘째 질문은 '내가 맡은 역할을 하고 있는가?' 하는 것이다.

나는 열방으로 간다

나는 무엇보다 기도로 열방을 향해 나아간다. 내 기도는 무소부재하신 하나님께 닿기 때문에, 그 도달 범위에 있어서는 공간적 지리적 제한이 없다. 기도를 통해, 나는 지구상의 모든 종족 집단에도 도달할 수 있다. A. B. 심프슨(A. B. Simpson)은 "기도는 선교사역을 진행시키는 강력한 엔진이다."라고 했다. A. T. 피어슨(A. T. Pierson)은 "선교의 모든 과정은 기도로 이어진다"고 덧붙인다. 나는 기도실로 나아감으로써 열방으로 나아간다.

나는 헌금을 통해 열방으로 나아간다. 요한삼서 1장 8절에서 가이오는 "진리를 위하여 함께 일하는 자"로 지칭된다. 그는 복음을 열방에 전하기 위해 사도 요한이 파송한 선교사들을 지원했다. 헌금을 통해 우리 부부는 복음을 들어본 적 없는 세계 곳곳의 사람들과 함께한다.

윌리엄 캐리는 1792년에 인도로 가면서 '로프를 붙들어줄 것'을 영국 침례교인들에게 부탁했다. 그들은 로프를 잡았고, 그는 인도로 갔다. 그래서 복음이 대적의 영역으로 침공하여 왕이신 예수님께 속한 영역을 되찾았다. 우리는 모두 헌금을 통해 '로프를 붙드는 자'가 될 수 있다. 데이비드 리빙스톤은 말했다. "나를 미치광이로 여기지 말라. 그리스도인이 돈을 벌기 위해 살아서는 안 된다고 나는 생각한다. 사람이 할 수 있는 가장 고상한 일은 다른 사람들에게 베푸는 것이다."

_결론

　몇 해 전, 나는 아내인 샬롯과 함께 사우스이스턴침례신학교의 몇몇 학생을 만나려고 한 중동 국가로 갔다. 우리는 소위 '2+2' 또는 '2+3' 프로그램을 통해 선교교육 차원에서 국제선교이사회와 협력한다. 요컨대, 학생들은 신학석사 학위를 받기 위해 2~3년 동안 캠퍼스에서 수학한 후, 60시간의 해외 교회개척 활동에 참여해야 한다.

　이 여정 중에 우리는 토요일 저녁 나눔의 시간을 가졌다. 매우 힘들고 위험한 지역에서 이 학생들을 통해 하나님이 행하신 일을 경청하는 귀한 시간이었다. 우리 그룹에는 레베카라는 아담하고 조용한 여학생이 있었다. 브루스 애시포드 박사의 질문을 받기 전까지 레베카는 한 마디도 하지 않았다.

　브루스는 하나님이 그녀에게 주신 임무에 대해 물었다. 레베카가 말하게 하는 것은 마치 치아를 뽑는 것처럼 힘들어 보였다. 레베카는 수줍어했지만, 겸손히 주님을 따르는 사람이었다.

　한참 동안 주저하다가 레베카가 말했다. 그녀는 세계에서 가장 위험한 곳 중 하나인 북아프리카의 한 나라에서 사역했다고 했다. 사역처로 가려면 헬리콥터를 이용해야 했다. 그곳이 수도에서 워낙 멀리 떨어져 있고, 길도 매우 위험했기 때문이다. 레베카는 내란으로 부모를 잃은 십대 고아들이 사는 난민촌에서 살았다. 그곳에는 흐르는 물이 없었다. 전기도 없었다. 레베카는 짐승의 똥으로 만든 오두막에서 살았다. 함께 사역했던 국제선교이사회 팀원 중에는 남성이 없었다. 그나마 함께했던 여성 동료들마저 떠났고, 가까운 시일 내에 다른 여성 동료들이 합류할 거라는 약속을 받았다. 그토록 힘든 곳으로 기꺼이 갔던 용감한 그리스도인 자매들에 대해 하나님을 찬양하자. 남성들이여, 부끄러운 줄을 알자. 후에 알게 된 바에 따르면(레베카는 전혀 불평하지 않았다), 레베카는 위와 장 부위에 심각한 문제가 있었고, 우리와 함께 있는 동안 치료하는 데 도움받기를 원했다.

내가 이 젊은 여성에게 감동받았다고 말하는 것은 미흡한 표현이다. 내가 엄청난 확신을 갖게 되었다고 말하는 것 역시 마찬가지다. 레베카는 왕이신 예수님을 위해 자신의 모든 것을 내어놓은 아리따운 젊은 여성이었다. 레베카는 희생을 예상했으며, 희생할 만한 가치가 있다고 믿었다. 중국과 인도와 수단과 벨기에 령 콩고에서 왕이신 예수님을 섬기다 죽었던, 캠브리지 7인 중 한 명인 C. T. 스터드(C. T. Studd)처럼, 레베카 자매는 '만일 예수 그리스도께서 하나님이시고 나를 위해 죽으셨다면, 그를 위한 내 어떤 희생도 너무 큰 것일 수 없음'을 온 마음으로 믿는다.

하나님이 모든 사람더러 자신의 집을 떠나 대양을 건너가서 세계 도처의 미전도 종족 집단과 함께 거하도록 부르신 것은 아니다. 하나님이 더 많은 사람을 그런 사역에 나서도록 부르시지만, 뒤에 남아 그들을 도울 사람도 필요하다. 1세기에도 그랬고, 21세기인 오늘날에도 그러하다. 내가 절대적으로 확신하는 것은 '하나님은 모든 그리스도인을 지상대명 그리스도인으로 부르신다'는 것이다.

왕이신 예수님을 헌신적으로 따르는 모든 이들은, 마태복음 28장 18-20절을 실현하는 일에 각자의 역할을 다하며 순종하도록 부르심받는다. 따라서 그들 앞에는 '내 역할을 어떻게 감당할까?' '하나님의 부르심에 응답하려면 무엇을 해야 할까?' 같은 물음이 놓인다.

우리는 열방으로 직접 가지 않고도 동참할 수 있다. 우리가 교회와 함께 갈 때(2장) 같이 가는 것이다. 파송자로서 시간과 물질과 기도로 돕는 사람은 함께 가는 역할을 충실히 감당하는 것이다.

단기 선교여행을 가거나 장기 체류사역을 하더라도, 파송역할을 하게 된다. 신약성경의 선교적인 교회들은 개척되자마자 곧바로 파송하는 교회가 되었다. 그리스도인 각자와 기독교 가정을 위한 실천적인 조언을 생각해 보자.

그리스도인 각자를 위한 조언

- 가족에 대한 책임, 사업이나 직업, 레크리에이션이나 여가생활을 포함한 삶의 모든 면이 그리스도의 주권과 불가분적임을 인식하고서, 삶의 모든 영역에서 예수 그리스도의 절대적 주권을 인정하라. 특히 남성이 이 도전에 진지하게 반응해야 한다. 남성이 하나님의 구원을 받은 자에 합당한 모습을 보일 때다.

- 하나님 사랑과 이웃 사랑이라는 위대한 계명에 순종하는 가운데, 지상대명을 철저히 수행하도록 헌신하라.

- 지역 교회에서 후원하는 복음전도 훈련과정에 참가하고, 이를 자신의 제자화 과정의 정규적인 요소로 삼으라.

- 열방을 위해 구체적으로 기도하라. 사이트 '오퍼레이션 월드'(Operation World)에 있는 '세계를 위해 기도하라' 코너 같은 자료를 활용하라.

- 최소한 4년에 한 번 정도는 교회에서 후원하는 북미 선교여행이나 국제선교여행에 참여하라.

- 신실한 재정적 청지기로서 소득 중 10퍼센트 이상을 출석 교회에 헌금하라. 그러나 그 10퍼센트가 은혜 나눔의 종착지가 아니라 시작 지점임을 명심하라.

- 부동산 계획이나 다른 헌금 계획을 통해 더 큰 차원의 청지기 직을 실행하라. 예컨대, 자신이 소유한 부동산의 1퍼센트를 출석 교회나 다른 지상대명 단체에서 사용하게 하라.

- 지상대명에 순종하는 삶의 일환으로서, 입양이나 고아 돌봄을 진지하게 고려해 보라.

- 지상대명을 수행함에 있어 주님의 도구로 온전히 쓰임받지 못했던 점이나 그렇게 만든 죄악을 회개하라. 이는 간

음, 교만, 이기적인 야심, 미움, 인종차별, 편협, 그리고 예수님의 이름을 욕되게 하는 모든 육신의 죄를 포함한다.

기독교 가정을 위한 조언

- 지상대명 기독교의 본을 보임에 있어 그리고 가족의 영적 행복의 주된 책임을 담당함에 있어 아버지가 리더 역할을 한다.

- 부모는 기독교적 세계관에 입각한 사고와 삶을 함양하도록 자녀를 교육하며 돕는다.

- 자녀를 하나님의 선물로 그리고 첫 선교 대상으로 여기는, 복음에 젖은 가정을 세우라. 입양과 고아 돌봄 사역을 고려해 보라.

- 자녀에게 복음을 전하며 제자화하는 것을 가정의 우선순위로 삼고 기도하라.

- 이웃이나 직장 동료 또는 가족구성원이 정규적으로 만나는 다른 사람을 위해 기도하고, 그들에게 복음을 전하기 위한 가족 전략을 세우라.

- 가족으로서 매달 미전도 종족 집단을 하나씩 선정하여,

(1)그 종족 집단을 위해 사역하는 선교사를 위하여 (2)그 종족 집단에 속한 수많은 사람의 회심과 세례와 제자화를 위해 (3)그 종족 집단 내에 성경적인 교회를 설립하는 일을 위해 기도하라.

- 가족으로서 매달 북미의 개척 교회를 하나씩 선정하여, (1)그 교회의 리더십 팀을 위해 (2)그 교회가 속한 지역에 거주하는 수많은 사람의 회심과 세례와 제자화를 위해 (3)그 교회를 통한 미래의 교회 개척을 위해 기도하라.
- 지역 교회에서 주관하는 가족여행이나 선교여행에 동참하라.
- 자녀들이 고등학교 졸업 직후 북미나 기타 해외 선교지에서 6-12개월을 보낼 수 있도록 선교적금을 시작하라.

이 목록에 더 좋은 내용을 추가할 수도 있다. 무엇이든 실행에 옮기도록 하라. 실망하지 않을 것이다. 지상대명 그리스도인의 삶은 멋진 모험이다.

_복음을 전혀 접해 보지 못한 곳으로 가겠는가?

    모든 그리스도인은 선교지로 가거나 파송하도록 부르심을 받는다. 앞에 열거한 실천적인 개념은 모두 가는 것이나 파송하는 것과 관련된다. 이 두 가지가 모두 '열방으로 가라'는 지상대명에 기여한다.

소명을 분명하게

나는 '파송자'가 될 것이다. (   )
나는 '단기'로 열방에 갈 것이다. (   )
나는 '장기'로 열방에 갈 것이다. (   )

서명

나, ＿＿＿＿＿＿＿＿ 은(는) (파송자로서 또는 현장사역자로서) 열방으로 갈 것이다.

"우리가 부단히 복음전도에 박차를 가하게 하는
두 가지 동기가 있다.
하나는 하나님을 향한 사랑과 그의 영광을 위한 관심이다.
다른 하나는 사람에 대한 사랑과
그의 행복을 위한 관심이다."

_J. I. 패커

I AM GOING

5

나 는 간 다

·

일터로

I AM GOING

　내(브루스 애시포드)가 초창기 가졌던 직업 중 하나는 노스 캐롤라이나 주 그린빌의 한 근사한 식당에서 서빙하는 일이었다. 되돌아보면 내가 그처럼 세련된 곳에 고용된 것은 참으로 유머러스하다.

　나는 그 전에도 몇몇 직업을 전전했다. 십대에는 돼지농장에서 파트타임 돼지우리 청소부로, 제약회사 잡역부로, 그리고 골프 코스에서 예초기 조작자로 일했다. 이러한 이력으로 보건대, 그 다음 직업이 지중해 요리 전문의 근사한 식당에서 턱시도 유니폼을 입고서 서빙하는 일이라는 건 의외였다.

그런데 기독교 신앙과 그리스도에 대한 사랑이 어떻게 서빙을 통해 표현될 것인가? 나는 확신할 수 없었다. 나는 이전에 이처럼 사람에 집중하는 '세속' 직업에 종사해 본 적이 없었다.

서빙하는 일은 교회개척자, 목사, 신학교 교수 등을 포함해 내가 가져본 직업 중 최상의 목회직 군에 속했다. 매일 아침 서빙을 시작하기 전, 나는 동료와 식당을 찾아올 고객을 위해 기도했다. 또 나 자신을 위해 기도했다. 즉, 동료와 손님을 잘 섬기는 방법을 알려주실 것을, 그리고 그들에게 그리스도에 대해 이야기할 방법을 알려주실 것을 간구했다.

그 해 여름, 나는 많은 기도 응답을 경험했다. 여러 이야기를 할 수 있지만, 한 가지가 특별히 두드러진다. 매일 저녁, 서빙 직원들과 경영진은 우리의 팁을 정산하러 카운터 주변에 모임으로써 식당 일과를 마무리했다.

지배인은 러셀이었다. 그는 종합격투기 선수로 연습하고 있었고, 매우 외향적이며 믿음직한 사람이었다. 그는 언제나 내게 친절했지만, 나는 그에게 위협적인 느낌을 받았다.

어느 날 저녁 서빙 직원들의 팁 정산이 끝난 후, 그는 내게 잠시 남아달라고 부탁했다. 우리는 카운터 의자에 앉았고, 그가 곧바로 이야기를 시작했다. 그는 말하기를, 내가 그리스도인임을 식당 직원들이 다 안다고, 그리고 내가 자신이 예상한 것과는 다른 부류의 그리스도인이라고 했다.

"당신은 왜 그리스도인으로 사나요?" 그가 물었다. "그리스도인이라는 건 무엇을 뜻하죠? 그것이 당신에게 그토록 중요하며, 당신의 삶에서 가장 중요해 보이는 이유가 무엇인가요?" 내가 다른 누구보다 더 일찍 출근하고, 누구 못지않게 열심히 일하며, 서빙 직원들과 고객에게 진심으로 대하는 것 같다고 그는 말했다. 내가 서빙 직원 여러 명과 함께 복음을 나누었고, 그들 중 몇 명은 그리스도인이 되었음도 그는 알았다.

그 순간 나는 하나님이 러셀의 마음을 움직이고 계심을 감지했다. 다음 날 이른 새벽까지 여러 시간 동안, 나는 그에게 복음을 전하며 그의 질문에 답해 주었다. 새벽 2시경에 그는 무릎을 꿇었고, 그리스도의 십자가 사역을 믿는다고 하나님께 고했다. 그리고 자신의 죄에서 구원해 주실 것을 하나님께 간구했다.

그 순간은 내 생애의 매우 근사한 기억 중 하나다. 바로 내 눈 앞에서 한 사람이 그리스도를 믿고 구원받는 모습이었으니 말이다. 그것을 잊을 수 없는 이유는, 세련된 서빙 직원들과 부유한 고객들 가운데서 나는 평범하기 짝이 없는 촌뜨기였지만, 하나님이 사람들을 돕는 일에 나를 사용하는 능력을 보여주셨기 때문이다. 또 그때를 결코 잊지 못하는 것은, '비목회직'이 실제로는 '목회직'이라는 사실을 내가 처음으로 깨달은 순간이기 때문이다.

_ 당신은 시간을 어디서 보내는가

'실제 목회'가 교회 일에만 국한되지 않고, '실제 예배와 순종'이 지역 교회에서 주일 아침에 드리는 예배에만 국한되지 않는다는 것은 감사할 일이 아닌가? 우리는 깨어 있는 시간 중 대부분을 교회 모임과 상관없이 보낸다. 만일 실제 목회와 예배가 교회 모임에만 국한된다면, 이는 우리 삶의 대부분이 허비됨을 뜻하지 않겠는가!

우리는 교회구성원과 가족구성원과 지역사회 구성원과 노동자로서, 하나님을 영화롭게 하도록 부르심을 받았다. 사실 모든 그리스도인은 최소한 네 가지 방식으로 하나님을 영화롭게 하도록 부르심받았다.

1. 교회구성원 무엇보다도 우리는 교회구성원으로서 하나님을 영화롭게 하도록 부르심받았다. 우리가 '교회와 함께 간다'는 것을 기억하라. 2장에서 언급했듯이, 하나님은 우리가 교회와 함께 복음 공동체 안에서 살도록 부르셨다. 하나님은 우리를 개별적인 그리스도인으로서가 아닌 공동체 안에서 제자로 삼으신다. 우리가 주말에 예배드리기 위해 모이고, 주중에 교회사람들과 우애를 돈독히 할 때, 하나님은 우리의 마음과 삶 속에서 일하신다.

2. 가정 하나님은 가족을 사랑하고 가정을 돌봄으로써 하나님을 영화롭게 하도록 우리를 부르신다. 한 가족으로서의 소명은 우리의 소명 중 가장 기본적인 것이지만, 하나님이 우리 안에서 그리고 우리를 통해 일하시는 강력한 방법이다. 부모의 역할을 통해 우리는 자녀의 주된 선생이자 관

리자이고, 하나님 사랑의 주된 통로가 된다. 자녀에 대한 우리의 사랑은 하나님의 자녀에 대한 하나님의 사랑 표현이다. 배우자의 역할에 있어 아내나 남편에 대한 사랑은, 그리스도와 교회 간의 사랑을 구체적으로 보여주는 그림이다.

3. 지역사회 또 하나님은 우리를 더 넓은 지역사회의 구성원으로 부르신다. 하나님은 우리 각자를 나라, 지역, 도시, 이웃에 두신다. 각각의 상황에서, 하나님은 우리가 하나님의 대사 역할을 하도록 부르신다. 우리는 그러한 상황 속으로 들어가 우리의 말과 행동으로 하나님의 사랑을 전한다.

4. 일터 마지막으로, 하나님은 우리를 노동자로 부르신다. 하나님은 인간을 노동자로 만드셨다. 우리는 모두 일을 하고, 모든 일터는 하나님을 영화롭게 하고 다른 사람을 섬기기 위한 귀한 가능성을 제공한다. 때로 우리는 일터에서 그리스도인이 아닌 사람들과 친해지고, 그들에게 복음을 전하는 최고의 기회를 발견하기도 한다. 불법적이거나 비도덕적이지 않는 한, 직업은 하나님의 각종 은혜 공급의 통로 역할을 한다.

성경은 자신의 일을 하나님의 대사로서 의식적으로 행하는 사람들에 대한 사례를 많이 제시한다. 몇 가지 예를 살펴보기 전에, 우리는 하나님이 일하시는 분임을 잠시 숙고해야 한다. 성경은 하나님이 세상을 창조하기 위해 일하셨다고 말하며, 그분을 행복한 노동자, 만족해하는 예술가, 즐거워하는 건설자로 묘사한다.

하나님이 우리를 자신의 형상과 모양으로 지으셨기에, 우리를 노동자로도 지으신 것은 놀라운 일이 아니다. 아담과 하와를 지으셨을 때, 하나님은 여러 방식으로 일하도록 그들에게 지시하셨다. 토양을 경작하고, 짐승들의 이름을 지으며, 보기에 좋았던 피조세계를 잘 다스리게 하셨다. 사실 세상을 창조하는 처음 일을 하신 후, 하나님은 이제 피조물인 우리가 남은 일을 세상에서 완수하길 원하신다.

정말 그렇다. 성경은 우리의 일을 하나님과의 동역이라 묘사한다. 시편 90편 17절은 "주 우리 하나님의 은총을 우리에게 내리게 하사 우리의 손이 행한 일을 우리에게 견고하게 하소서 우리의 손이 행한 일을 견고하게 하소서"라고 말한다. 일할 때 우리는 우리의 일을 통해 하나님이 일하시기를 기도해야 한다.

잠언 31장에 묘사된 여인의 일을 예로 들어보자. 그녀는 열심히 심지어 밤늦도록 일한다(31:18, 27). 그의 일은 남편(12절), 온 가족(13절), 장터의 사람들(14절), 가난한 자들(20절), 심지어 지역사회 전체(23절)를 이롭게 한다. 그녀의 남편과 자녀는 그에게서 경건의 모범을 본다(28절). 잠언 31장의 여인은 성경 기자가 이상화한 모델이지만, 그런 여성의 실제적인 예는 룻(룻 3:11) 같은 사람들의 삶에서 발견된다.

혹은 출애굽기 35장에 나오는 장인 브살렐의 일에 대해 생각해 보라. 하나님은 이스라엘 백성을 노예생활에서 건져 내셨고, 그들에게 십계명을 주셨다. 출애굽기 35장에서 하나님은 이스라엘 백성을 위해 성전을 주셨다. 성전은 하나님의 임재와 거룩하심, 그리고 이스라엘 백성에 대한 하나님의 자비를 가시적으로 상기시켰다.

성전이 지어지는 동안, 모세는 이스라엘 백성에게 말했다.

모세가 이스라엘 자손에게 이르되 볼지어다 여호와께서 유다 지파 훌의 손자요 우리의 아들인 브살렐을 지명하여 부르시고 하나님의 영을 그에게 충만하게 하여 지혜와 총명과 지식으로 여러 가지 일을 하게 하시되 금과 은과 놋으로 제작하는 기술을 고안하게 하시며 보석을 깎아 물리며 나무를 새기는 여러 가지 정교한 일을 하게 하셨고 (출 35:30-33)

모세는 하나님이 브살렐을 장인으로 '지명하여 부르셨고' 맡은 일을 해내는 데 필요한 지혜와 이해력과 기술을 브살렐에게 주셨음을 이해했다. 브살렐은 하나님의 영광과 온 이스라엘 민족의 유익을 위해 일하는 데 지혜, 이해력, 기술 같은 자질을 사용했다.

그리스도인으로서 우리는 일터에서 기독교의 영향을 미칠 수 있고, 우리의 직업이 하나님의 부르심 안에 포함될 수 있다는 사실에 놀라지 말아야 한다. 네덜란드 신학자 아브라함 카이퍼(Abraham Kuyper)는 말했다. "우리 인간 존재의 모든 영역에서, 만유의 주권자인 그리스도께서 '내 것'이라고 말씀하시지 않는 부분은 손톱만큼도 없다."[5] 또 "[하나님의]

아들의 관할 밖에 있는 것은 아무것도 없다. 그 어떤 자연 영역이나 별이나 혜성이나 땅 속 깊은 곳도 그리스도와 연관되지 않은 것이 없다. 어렴풋이 연관되는 것이 아니라 직접적으로 연관되어 있다"[6]고 했다. 카이퍼의 말이 옳다! 우리의 존재(직업도 포함됨) 중에서 그리스도께서 관할하지 않으시거나 그의 나라를 위해 활용하지 않으시는 영역은 조금도 없다.

_ 어떻게 내 일터가 사역지일 수 있을까

성경은 종종 하나님이 그의 백성의 일을 통해, 세상을 위한 하나님의 일을 행하신다고 말한다. 하나님은 잠언 31장에 나오는 기업가적인 여성의 일을 통해 가난한 자들에게 필요한 것을 공급하셨고, 장인 브살렐을 통해 이스라엘 민족에게 필요한 것을 공급하셨다. 그러면 오늘날 사람들의 평범한 직업을 통해, 하나님은 세상에 필요한 것을 어떻게 공급하실까?

예를 들어, 배고픈 아이들에게 하나님이 공급하시는 방식을 생각해 보라. '하늘로부터 만나'를 기적적으로 보내시지는 않는다. 대개 트랙터를 모는 농부의 일을 통해 그 일을 행하신다. 그러나 농부가 트랙터에 오르기 전, 공장에서 근로자들이 트랙터를 만들었고, 농지에 심을 수 있는 씨앗을 노동자들이 포장해 두었다.

농부가 트랙터 일을 끝내면, 트럭운전자가 곡물을 창고로 실어가고, 그 곡물은 나중에 배로 운송되어 식료품 가게로 옮겨진다. 식료품 가게에서는 점원이 곡물을 선반에 진열하고, 계산원은 그 곡물을 판매한다. 물론 식료품 가게 점원이 일하기 전, 건설업자가 그 가게를 지어야 한다. 그리고 그 건설업자는 전기기술자와 목수와 금속 관련 노동자의 도움을 받는다. 이런 식으로 끝없이 이어진다!

하나님이 굶주린 자녀를 먹이실 때는 방대하게 서로 연결된 직업망을 통해 일하신다. 종종 하나님은 같은 방식으로 아픈 자를 치유하시고, 집이 필요한 자에게 쉴 곳을 제공하시며, 즐거움이 필요한 자에게 즐거움을 주신다. 우리의 일을 통해 하나님은 사랑을 전하시고 필요한 것을 주신다.

우리가 하나님의 사랑과 공급하심의 통로로서 우리의 역할을 인식할 때, 우리의 일은 새로운 차원을 띤다. 우리는 일을 탁월하게 해내기 시작한다. 만일 우리의 직업으로 '하나님의 손' 역할을 한다면, 우리는 우리의 손으로 가능한 한 최선의 봉사를 하거나 최선의 결과물을 만들어내고 싶을 것이기 때문이다. 우리는 직장 동료와 고객을 신실하게 배려할 것이다. 그들과의 접촉을 통해, 우리가 이런저런 방법으로 기독교를 확장하게 됨을 깨닫기 때문이다. 우리가 주변 사람들에게 복음을 전하는 유일한 사람일 수 있다고 자각함에 따라, 우리는 그들에게 복음(생명의 말씀!)을 전할 기회를 모색한다.

그렇다면 우리의 일터가 목회 장소다. 우리는 이러한 방식으로 접근해야 한다. 하나님이 우리에게 특정한 일을 맡기신 것은, 오직 하나님만이 온전히 아시는 이유들 때문임을 확신해야 한다. 하나님이 우리의 일을 통해 어떻게 일하시는지 우리가 알기 힘들지라도, 우리는 하나님이 그렇게 하고 계심을 확신할 수 있다.

어떻게 우리가 그리스도를 영화롭게 하는 방법으로 일할 수 있는지 이해하는 것은 때로 매우 힘들다. 우리의 직업은 복잡하고 다면적이며, 성경은 직업 설명 매뉴얼이 아니기 때문이다! 그러나 우리가 일터에서 어떻게 하나님을 영화롭게 할 수 있는지를 이해하도록 도와줄 구체적인 질문이 몇 가지 있다.

1. 이런 유형의 일에 대한 하나님의 계획은 무엇일까?

일반적인 차원에서 모든 일터에 대한 하나님의 계획은 같다. 기록된 하나님 말씀에도 나와 있듯이, 하나님은 거기서 일하는 사람들이 세상을 위한 하나님의 의도와 일치하는 서비스나 제품을 제공하기 원하신다. 우리는 도덕적인 방식으로 지역사회를 번성하게 하도록 일해야 한다. 우리는 복음으로 동기부여를 받아야 하며, 그리스도께 대한 헌신을 반영하는 방식으로 일이나 일 관계에 접근해야 한다.

2. 이런 유형의 일이 죄로 인해 어떻게 더럽혀졌을까?

세상 모든 사람은 죄인이고, 모든 유형의 일터는 죄의 영향을 받아왔다. 사람들은 마음으로 섹스, 돈, 권력 같은 하나님이 아닌 거짓 신을 숭배하는 죄인이기 때문에, 그들의 일이 그릇된 방향으로 향하는 마음의 영향을 받는 것은 자연스러운 일이다. 모든 일터는 죄의 해로운 영향으로 어떤 방식으로든 왜곡되어 있다.

3. 어떻게 그리스도 안에서 내 일터를 하나님의 계획에 맞도록 재조정할 수 있을까?

만일 우리의 일터가 잘못된 방향으로 향하고 있다면, 우리는 그것이 하나님의 의도에 맞도록, 그래서 우리의 일이 그리스도를 영화롭게 하도록 재조정할 수 있는 방법을 알아내고자 할 것이다.

예를 들어, 레스토랑을 열고자 하는 사업가가 있다고 생각해 보라. 1번 질문에 대해 그는, 레스토랑을 향한 하나님의 계획이 손님에게 영양을 제공하고, 직원과 고객을 하나님의 형상으로 지음받은 사람으로 대하며, 또 적절한 방법으로 더 넓은 지역사회를 섬기게 하시는 것이라고 대답할 것이다.

2번 질문을 돌아보며, 그는 레스토랑이 여러 면에서 잘못 운영되고 있다고 결론지을 수도 있다. 가게 주인이 손익계산만을 생각할 수 있고, 돈에 대한 욕심 때문에 음식의 질에 대해서는 부정직할 수도 있으며, 직원들에게 가능한 한 적은 임금을 줄 수도 있다. 혹은 식당 경영자가 직원을 하나님의 형상으로 만들어진 사람으로 보지 않는다면, 그는 직원을 물체로 여길 수도 있다. 직원의 재능을 길러주거나, 피고용자로서 성공하도록 도와주거나, 그들을 위해 기도해 주지 않고, 경영자는 가능한 한 효율적으로 주인을 돕기 위해서만 존재하는 자동화 된 로봇으로 그들을 대할 가능성이 크다.

앞에 나온 질문 두 가지를 돌아본 후, 레스토랑 주인이 3번 질문에 답하는 것은 더 쉽다고 생각할 것이다. 그는 영양이 풍부한 음식을 합리적인 가격으로 지역사회에 제공하는 식당을 만들 것이다. 자신의 직원과 손님을 하나님의 형상을 가진 자로 여기고, 그들을 사랑과 정성으로 대할 것이다. 또 기회가 있을 때는 그들에게 복음을 전하고, 자신이 어떻게 그리스도를 믿게 되었는지 이야기해 주며, 다른 방식으로 그리스도를 전할 것이다.

우리는 이 세 가지 질문이 일터에서, 그리고 일터를 통해 목회하는 방법을 알고자 하는 사람에게 유익한 틀을 제공한다고 생각한다. 이 질문을 기억하기는 쉽지만, 이에 답하고 적용하기는 쉽지 않다는 것을 우리는 안다. 우리는 강함과 지혜를 달라고 하나님께 구해야 하며, 구원의 말씀을 우리의 일터에 적용하는 방법을 알아내기 위해 부단히 노력해야 한다.

_ 우리는 지상대명을 어떻게 수행할 것인가

예수님이 제자를 삼도록 명하신 대상에는 모든 민족이 포함된다. 물론 우리나라 사람들도 포함된다. 그런데 우리가 일터를 목회 장소로 여기지 않는다면, 어떻게 이 사역을 효과적으로 할 수 있겠는가? 많은 사람이 깨어 있는 시간 대부분을 일하면서 보낸다. 하나님의 임무에 동참할 수 있는 장소로 일터보다 더 좋은 곳은 없다!

식당에서 서빙하던 내 이야기로 돌아가보자. 나는 대학 등록금이 필요해 식당 일에 지원했다. 여름 동안 근처 교회에서 파트타임 목사로 일했지만, 복학할 수 있을 만큼 충분한 돈을 벌지는 못했다. 그러다 시내에 있는 아주 근사한 호텔에 들어갔다가, 우연히 식당 문에 걸려 있던 '서빙직원 구함'이라는 표지를 보았다.

나는 한 여종업원에게로 걸어갔다. 그녀는 식당 경영인 중 한 명이었다. 그녀는 즉시 면접을 하더니 나를 고용했다. 그녀는 내가 등록금을 낼 수 있도록 2교대로 일하게 해주었다. 그 즉시 나는 이 새 일을 하나님이 주신 것으로 받아들였다.

그때 내가 볼 수 없었던 것은, 서빙하는 일이 청소년 목사로서의 사역만큼이나 목회와 다르지 않다는 점이다. 사실 서빙하는 일은 매우 특별했다. 나는 도시의 더 큰 지역사회 주민들에게 식사를 나르고, 하나님의 형상을 따라 지음받은 사람으로 대함으로써 그들을 섬길 수 있었다. 그리고 놀라운 점은, 내가 정기적으로 복음을 전할 수 있었고, 더 나아가 동료들의 특별한 요청으로 복음을 전하기도 했다는 것이다.

이제 나는 위대한 신학자 마틴 루터가 말한 것이 무슨 뜻인지 이해할 수 있다.

만일 당신이 하찮은 하녀에게 왜 접시를 닦고 소젖을 짜는지 묻는다면, 그녀는 이렇게 말할 수 있다. "저는 제가 하는 일이 하나님을 기쁘시게 한다는 걸 알아요. 왜냐하면 저는 하나님의 일과 명령을 받았거든요. … 하나님은 일의 하찮음을 보지 않으시고 이런 작은 일 속에서 그분을 섬기는 마음을 보시니까요."[7]

이제 나는 위대한 설교가 리처드 시베스(Richard Sibbes)가 말한 것이 무엇을 의미하는지 이해할 수 있다.

그리스도인의 삶 전체는 … 하나님을 섬기는 것이다. 우리가 하는 일 중 '하나님을 섬기는 것'이 아닌 일은 없다. 레크리에이션마저 하나님을 섬기는 일이어야 한다. … 우리는 종교를 구석으로 좁은 방으로 밀어 넣어서는 안 되며 어떤 날,

어떤 시간, 어떤 행동, 어떤 장소로 제한해서도 안 된다. …
하나님을 '섬긴다'는 것은 우리가 어디에 있든지 하나님의 자
녀로서 행동하는 것이다. 우리의 삶 전체가 하나님을 섬기는
것일 수 있도록.[8]

일터에서 줄곧 그리스도인으로 산다는 것이 항상 만족스
러운 건 아니며, 결코 쉬운 일도 아니다. 죄와 그 영향에서 어
떤 것도(우리의 일터 역시) 자유롭지 못한 죄악 된 세상에서 우
리가 살고 있기 때문이다. 그러나 쉬운 방법을 찾는 대신 그
리스도인의 방법대로 나아갈 기회가 있다.

우리는 일터를 세상에 하나님의 사랑과 은택을 전하는 기
회로 여긴다. 우리는 지역사회에 기여하고, 하나님의 형상대
로 지음받은 존재에 합당한 존중심과 사랑으로 사람들을 대
하는 방식으로 일한다. 또 기독교적인 원칙에 따라 일하고,
말과 행동으로 그리스도를 증언할 수 있는 모든 기회를 붙
잡는다. 그렇게 함으로써 하나님이 우리를 통해 그리고 우리
안에서 일하고 계심을 확신할 수 있다.

소명을 분명하게

1 내 일에 대한 하나님의 계획은 무엇인가?

2 죄로 인해 내 일은 어떻게 더럽혀져 있는가?

3 내 일터를 그리스도 안에서 하나님의 계획에 따라 어떻게 재조정할 수 있을까?

서명

나, _____ 은(는) 일터로 갈 것이다.

"우리 인간 존재의 모든 영역에서,
만유의 주권자인 그리스도께서 '내 것'이라고
말씀하시지 않는 부분은 손톱만큼도 없다."

_아브라함 카이퍼

I AM GOING

6

나 는   간 다

•

직업을 활용하여

I AM GOING

2000년도 여름 러시아에서 돌아온 후, 나(브루스 애시포드)는 박사과정을 시작했다. 박사과정을 밟는 동안 러시아에 있는 친구들이 그리웠고, 그보다도 내가 거기서 할 수 있었던 다른 문화권에서의 복음사역이 그리웠다. 그러나 생선 젤로는 그립지 않았다.

공부하는 기간 동안 나는 철학 가르치는 일을 했다. 가르치고 공부하면서, 내가 선교지에서 철학교수라는 직업을 활용할 수 있도록 문을 열어달라고 기도하기 시작했다. 기도를 시작한 지 얼마 후, 정기적으로 루마니아 선교사역을 하는 한 미국 교회의 목사에게서 전화를 받았다. 그는 내게 루마니아의 목회 컨퍼런스와 몇몇 대학의 철학부에서 강연해 줄 수 있는지 물었다. 나는 내 귀를 의심했다. 하나님이 이미 내 기도에 응답하신 것 같았다.

루마니아에 도착할 때쯤, 나는 트르구지우에 있는 두 대학 크라요바대학과 콘스탄틴브랑쿠시대학에서 강연하기로 되어 있었다. 나는 몹시 흥분되었다. 이런 종류의 기회를 달라고 기도해 왔고, 주님이 내 기도에 그렇게 빨리 응답해 주신 것이 놀라웠기 때문이다. 사실 나는 강연하러 갈 때 아드레날린이 솟는 걸 느꼈다.

그러나 겁을 먹기도 했다. 나는 당시 고작 20대 중반이었고, 외국 대학은 고사하고 철학 논문을 발표해 본 적도 없기 때문이다. 내 강의를 듣는 학생들은 매우 명석했고, 그들 대부분은 내가 말하려는 것의 대부분 혹은 전부에 동의하지 않는 성향을 지녔다.

강연하면서 나는 설교하지 않았다. 성경을 가르치지 않았다. 나는 안정된 사회를 건설하기 위한 주요 문제에 대해 철학교수로서 이야기했다. 이 질문에 가장 만족스럽게 답할 수 있는 사람은 하나님을 믿는 신자임을 나는 알고 있었다. 예를 들어, 하나님이 계시지 않는다면 사회는 도덕성의 근거를 어디에 두겠는가? 강연 동안 하나님의 존재를 논증하려 하지 않고 그저 질문을 제기했고, 질의응답 시간에 내가 마음에 담고 있는 이야기를 좀 더 솔직하게 말할 수 있기를 바랐다.

상황은 내가 바라던 대로 흘러갔다. 두 대학 모두 질의응답시간에, 학생들은 정확히 내가 답하고자 했던 유형의 질문을 던졌다. 그래서 나는 안정된 사회 건설에 대해서 뿐 아니라, 내 기독교 신앙과 그것이 내가 정치철학을 하는 방식에 어떤 영향을 미쳤는지에 대해서도 말할 수 있었다.

한 대학에서는 전국 방송의 TV 쇼에 내보내기 위해 우리를 녹화하기도 했다. 다른 대학에서는 내 동료와 함께 법학 명예박사 학위를 받았다. 내가 이 모든 일에서 하나님의 손길을 보는 것은 쉬운 일이었다. 하나님은 철학교수라는 내 직업을 목적대로 사용하셨다.

그 주간에 나는 내게 주신 대립되는 것처럼 보이는 두 가지 욕구를, 하나님이 조화롭게 하실 수 있음을 처음으로 깨달았다. 하나는 교수와 작가가 되고자 하는 욕구였고, 다른 하나는 해외의 다른 문화권 복음사역에 임하는 것이었다. 이 두 가지를 어떻게 병행할 수 있었을까?

이 두 가지 일을 함께 진행할 수 있다는 것은 믿기 힘든 일이었다. 그러나 하나님은 모든 것이 가능하다. 또 기독교계의 가장 놀랄 만한 진전 중 하나는, 해외에서 직업을 구할 수 있게 해달라고 기도하는 그리스도인들이 많다는 것이다. 그들은 하나님이 그들의 직업(교사, 사업가, 예술가 혹은 과학자)을 활용하여, 그런 일터에서 복음사역을 할 수 있게 하시기를 원한다.

_ 성경적인 몇몇 사례

이것은 하나님이 21세기를 위해 새롭게 마련하신 개념이 아니다. 하나님은 항상 그의 백성의 직업을 통해 일하셨다. 하나님은 그들의 삶을 새로운 상황 속에, 심지어 외국에 두시고, 거기서 삶에 뿌리를 내려 하나님께 영광 돌리는 일을 할 수 있게 하신다. 내가 제일 좋아하는 세 가지 사례는 요셉, 다니엘, 바울이다.

애굽의 요셉(총리)

요셉의 생애에 대한 성경 기록은 다채롭다. 요셉은 부유한 가정에서 태어나 응석받이 미숙한 소년으로 자라났다. 그는 아버지가 가장 아끼던 아들이다. 형제들은 이 때문에 요셉을 미워했고, 어느 날 애굽의 시장으로 상품을 운반하던 상인들에게 요셉을 팔기로 결정한다.

요셉은 결국 이집트로 가게 되고, 거기서 상인들이 보디발이라는 정부 고위관리에게 그를 팔아 넘긴다. 요셉은 순식간에 부유한 소년에서 가정집 노예로 전락했다. 아마도 요셉에게 이보다 더 나쁜 일은 일어날 수 없을 것 같았지만, 그런 일은 일어날 수 있었고 실제로 일어났다.

보디발의 아내가 요셉을 유혹한 것이다. 보디발 아내의 유혹을 뿌리치고 요셉은 달아났다. 모멸감을 느낀 보디발의 아내는 (거짓으로) 요셉을 강간 미수자로 고소했고, 결국 요셉은 감옥에 갇힌다. 이 지점에서 요셉의 삶이 이보다 더 악화될 수는 없다고 생각할 수 있지만, 얼마든지 그럴 수 있었고 실제로 그렇게 되었다.

감옥에 있는 동안, 요셉은 하나님의 영감을 받아 바로의 술 맡은 관원장과 떡 굽는 관원장의 꿈을 해석한다. 얼마 후 요셉은 바로의 꿈을 해석하기 위해 불려간다. 요셉의 해몽으로 바로는 요셉을 고용하고, 권력의 서열상 바로 자신 밑에 둔다.

성경은 미숙한 소년 요셉이 시간이 흘러 하나님께 충실한 사람이 되었음을 가르쳐준다. 이제 하나님은 그를 가장 강력한 자리에 앉히셨다. 애굽 정부의 요직에 앉히신 것이다. 요셉은 가장 이교적인 환경에서 막중한 일을 맡게 되었다.

요셉이 맡은 일에는 애굽의 재난구호도 포함되었다. 요셉은 바로가 꾼 꿈 중 하나를 해석했다. 애굽에 7년 동안 풍년이 들었다가, 그 후 7년 동안 흉년이 들 것이라는 해석이었다. 그래서 바로는 7년의 흉년기에 식량을 분배하고 관리하는 일을 요셉에게 맡겼다. 요셉은 그 일을 매우 잘 해냈다. 요셉은 애굽 백성을 잘 섬김으로써 바로를 잘 섬겼다.

요셉 이야기에는, 요셉이 자신을 팔았던 형제들과 포옹하는 감동적인 재회 이야기를 포함해 훨씬 많은 것들이 있다. 다만 여기서는 직업을 활용하는 복음사역에 대한 교훈을 얻기에 충분할 정도의 이야기를 했다.

하나님이 요셉에게 큰 계획이 있으셨음을, 요셉의 직업이 그 계획을 위해 꼭 필요했음을, 그리고 요셉이 오직 순종함으로써 그 계획을 알아냈음을 주목하면서, 요셉 이야기에서 얻을 수 있는 교훈을 요약해 보자. 요셉은 자신의 일을 소명으로 보고 그 일을 주께 하듯 했다. 요셉은 자신의 일을 하나님과 이웃을 사랑하는 한 방법으로 보았고, 다른 사람의 아내가 성적으로 접근해 오는 것을 거부했으며, 또 해고당하며 감옥에 갇히는 것을 포함한 삶의 힘든 기간을 견뎌냈다.

바벨론/바사(페르시아)의 다니엘(정부 관리)

직업을 활용해 하나님의 이름으로 사역하도록 부르신 또 다른 성경 이야기는 다니엘 이야기다. 당시의 수많은 이스라엘 백성처럼, 다니엘은 바벨론 왕 느부갓네살의 포로로 잡혀갔다.

바벨론 통치자들은 다니엘이 명석한 젊은이라는 사실에

159

주목하여, 3년 간 아이비리그 같은 교육기관으로 보냈다. 그곳에서 다니엘은 역사, 문학, 철학, 바벨론 제국의 종교에 대해 교육받았다.

졸업 후 다니엘은 빠르게 승진해 다리오 왕의 조언자가 되었다. 사실 다니엘은 제국 전체를 관장하는 관리 중 한 사람이었다. 성경은 다니엘이 일을 탁월하게 수행하여 다른 관리들의 '머리와 어깨'가 되었다고 전한다.

다니엘의 성품과 역량과 직업윤리가 동료들을 거슬리게 하기 시작했다. 그들은 너무 화가 난 나머지 음모를 꾸몄다. 왕을 설득해 기도를 불법으로 꾸미고자 한 것이다. 그들은 다니엘이 하나님께 정기적으로 기도한다는 것을, 만일 왕이 하나님께 기도하는 것을 불법화한다면 다니엘은 왕보다 하나님을 선택해 징벌에 처해질 것을 알고 있었다.

아니나 다를까, 왕이 그 계획에 동의한 후에도(왕은 다니엘의 동료들이 다니엘을 해치기 위해 그 계획을 꾸몄음을 몰랐다) 다니엘은 기도를 멈추지 않았다. 다니엘은 하루에 세 번씩, 자신의 창가에서 공개적으로 기도하기를 계속했다. 왕은 기도금지법을 깰 경우 받을 처벌대로 다니엘을 사자굴에 던져 넣게

했지만, 하나님이 사자들의 입을 막으셔서 다니엘은 다치지 않고 거기서 나올 수 있었다.

다니엘에 대해 이야기할 게 더 많지만, 다니엘과 그의 일터 소명에 대해 몇 가지를 주목하는 것으로 충분할 것이다. 먼저, 다니엘은 자신이 하는 모든 일을 하나님과의 관계에 비추어 행하고자 했다. 하루에 최소 세 번씩 하나님께 기도했고, 하나님과 소통하는 시간을 통해 자신의 일을 신실하고 탁월하게 해낼 힘과 용기를 얻었다.

또 다니엘의 신실함을 보고, 다리오 왕이 제국 전역에 조서를 보냈다. 제국의 모든 사람에게 충격을 준 이 조서에는, 다니엘의 하나님만이 구원할 수 있는 유일한 신이고, 그분의 나라만이 영원히 지속될 것이라고 적혀 있었다. 이 각본이 얼마나 의외였는지 생각해 보라. 거짓 종교를 대변하는 사람의 모략 덕분에, 제국의 왕이 다니엘의 하나님이야말로 유일하고 참된 분임을 온 제국에 선언했다. 그가 그렇게 한 것은 '세속적인' 직업을 통한 다니엘의 증언에 기초해서였다!

로마의 바울(장막 만드는 자)

이 지점에서 당신은 이렇게 생각할 수도 있다. '그래요, 당신은 여태껏 자신의 일터에서 가장 높은 위치에 오른 사람들의 사례를 들어 논지를 전개했죠. 그러나 그보다 평범한 사례도 제시할 수 있나요?' 대답은 '네!'이다.

'평범한' 사례는 많지만, 내가 가장 좋아하는 사례 중 하나는 사도 바울이다. 바울은 선교사이자 교회개척자이자 신학자였다. 그러나 그런 일로만 생계를 유지하지 않았다. 주로 장막 만드는 사람으로서 생계를 꾸렸다.

사도행전 18장 1-4절에서 의사 누가는, 바울이 장막을 디자인하고 제조해서 시장에 가져다 팔았다고 말한다. 역사서를 통해, 우리는 바울 당시에 장막 만드는 일이 천을 잘라서 깁고 밧줄과 고리를 다는 일임을 알고 있다. 보통 이 기술은 다른 기술과 마찬가지로 아버지에게서 아들에게로 전해졌다. 바울의 아버지가 장막 만드는 일을 가르쳤을 것이다.

바울이 사도적 선교사가 된 후에도 장막 만드는 일을 멈추지 않았다는 사실에 주목하는 것이 중요하다. 바울은 계속해서 장막을 만들어 시장에 내다 팔았다. 바울은 자신의 고향인 시칠리아에서 나는 시칠리아 천(염소의 털로 만든 것)을 사용했을 것이고, 바울이 만든 장막은 좋은 이동식 집이 필요하던 양치기 같은 사람들에게 제공되었을 가능성이 크다.

장막을 만들어 생계를 해결함으로써, 바울은 교회를 개척하거나 목회자의 멘토 역할을 하는 것 같은, 하나님의 부르심에 따른 다른 일들을 할 수 있었다. 또 바울이 방문했던 공동체 안에서 중요한 일원이 되고, 그 공동체의 복지에도 기여할 수 있었다.

_ 너무 큰 임무(그러나 하나님은 항상 방법을 마련해 주신다)

우리가 요셉, 다니엘, 바울의 이야기에서 보았듯, 하나님은 항상 목적을 이루기 위해 사람들의 일터를 사용하셨다. 하나님은 목적을 이루기 위해, 일하는 사람들을 전략적으로 편성하신다. 우리의 21세기도 예외가 아니다.

사실 우리는 하나님나라의 진전을 위해 이런 유형의 일터 목회가 절대적으로 필요한 시대에 살고 있다. 세계에서 가장 큰 두 선교단체인 국제선교회(IMB)와 북미선교회(NAMB, North American Mission Board)는 심지어 교회 개척과 선교를 위해서도 이런 유형의 일터 선교에 점점 더 의존하고 있다.

한 예로, 국제선교회를 살펴보자. 국제선교회의 목표는 제자를 만들어 세계의 모든 미전도 종족 집단 가운데 교회를 세우는 것이다. 세계에는 아직 미전도 종족 집단이 있으며, 이 집단 중 일부에만도 수천만 명의 사람이 있다. 국제선교회는 이 일부 집단 가운데서 가장 기본적인 사역을 하는 데도 최소한 선교사 2만 명이 필요하다. 그러나 국제선교회는 매년 선교사 약 4천 명만을 경제적으로 후원해 줄 수 있는 상황이다.

그래서 재정적 한계가 문제라면, 국제선교회는 국제선교를 위해 자신의 일터를 활용할 사람 수천 명을 모집할 필요가 있다. 국제적인 회사에 들어가, 아시아나 아프리카나 중동에서 일할 수 있는 사람이 필요하다. 세계 곳곳의 학교와 대학에서 솜씨를 발휘할 학자와 교사가 필요하다. 다른 나라에서 경쟁할 운동선수와 코치도 필요하다. 그리고 만일 하나님의 사람들이 다른 나라와 상황에서 기꺼이 자신의 소명을 실현하려 한다면, 국제선교회는 제자를 만들어 전 세계의 모든 미전도 종족 집단 가운데 교회를 세울 수 있다. 선교사 4천 명 대신 4만 명을 확보할 수 있다!

그러나 선교사역에 필요한 것은 결코 경제적인 면에 국한 되지 않는다. 모든 종족, 언어, 민족, 나라의 사람들을 구원하시려는 하나님의 임무(계 5:9-10)에는 '월급 받는 직업인'이 아닌 그리스도인도 동참해야 한다. 하나님은 예술과 과학, 사업과 기업, 학문과 교육, 스포츠와 경기 등에서 일하는 사람을 필요로 하신다. 사람들이 모든 문화 영역에서 활동하는 기독교 증인과 만나기 시작하고, 그처럼 다양한 영역에서 그리스도인의 긍정적인 영향을 발견하기 시작할 때, 그들이 복음에 귀 기울일 가능성은 더 커질 것이다.

북미선교회의 새로운 교회 개척이 일터 목회에 많이 의존하는 것도 바로 이 때문이다. 북미선교회의 '파송' 교회(새로운 교회를 세우기 위해 기존 구성원을 보내는 교회) 중 하나는 노스캐롤라이나의 롤리-더햄에 있는 서밋교회(Summit Church)다. 그들이 교회를 세울 때의 목표는 25인 이상의 교회구성원을 보내어 새로운 교회를 개척하는 것이다. 그들은 직장을 구하고, 집을 사고, 아이들을 학교에 보내며, 또 새로운 교회를 위해 '최상의 봉사자'로서 헌신한다.

그런데 어떻게 한 개인이 교회 개척을 위해 자신의 직업을 활용할 수 있을까? 이 질문의 답은 '다양한 방식으로 활용할 수 있다'는 것이다. 내가 아는 두 가족의 이야기가 도움이 될 것이다. 그들은 일터 목회를 위해 다른 곳으로 이주했다.

_ 아프가니스탄의 사업가

나는 앤더스라는 사업가와 좋은 친구다. 아직 20대일 때, 그는 이미 '포춘(Fortune) 500개 사 프로젝트'의 매니저로서, 큰 기업의 실적 개선이나 신생 기업을 돕는 일을 했다. 앤더스는 8년 동안 그 일을 했고, 매우 성공적이었다.

그런데 2003년과 2004년에, 주님이 자신의 사업 역량을 다른 곳(아프가니스탄)에서 활용하기를 원하시는 것 같다고 느꼈다. 그 무렵 미국은 아프가니스탄에서 탈레반과 전쟁 중이었고, 앤더스는 전쟁으로 피폐해진 나라에서 어려움에 처한 사람들을 기꺼이 섬길 그리스도인이 필요함을 알았다.

많은 기도 끝에 직장을 그만두고 아내와 어린 두 자녀를 데리고 아프가니스탄으로 갔다. 앤더스는 2005년부터 2011년 까지 아프가니스탄에서 여러 사업을 시작했다.

첫 사업은 여행사였다. 앤더스는 서비스가 취약한 분야에 생기를 불어넣을 수 있는 시장 기회를 잡기 원했고, 아울러 미래에 몇 가지 다른 사업을 시작할 수 있을 만큼 자금을 만들고 싶었다. 여행사는 이 두 계획에 모두 적합했다.

여행사는 성공적이었다. 수도인 카불뿐 아니라 여행 편의가 제공된 다른 도시와 지역의 경제도 활성화되었다. 여행객들의 안전과 관련해 엄청난 발전이 있었다. 중요한 것은, 이것이 수많은 사람을 만나게 하는 사업이었다는 점이다. 그들은 도시, 시골, 심지어 먼 지역의 사람들과도 친분을 쌓을 수 있었다. 그들은 부자와 가난한 사람, 지역 주민과 외국인, 남자와 여자들에게 그리스도에 대해 이야기할 수 있었다.

또 이 사업을 통해 영향력 있는 사람들과 만날 수 있었다. 예를 들면, 전 민병대 지도자 같은 사람들이었다. 그들 중 한명이 신자가 되었는데, 결과적으로 많은 사람에게 그리스도를 믿도록 영향을 미쳤다. 앤더스는 여행사를 통해 복음사역을 할 수 있었을 뿐 아니라, 그 지역의 신자들도 그 회사를 위해 일하면서 복음사역에 참여할 수 있었다.

여행사는 앤더스가 다른 사업을 시작할 수 있을 만큼 충분한 자본을 창출해냈다. 앤더스는 여행사가 있던 몇몇 지역에 영어와 컴퓨터를 가르치는 교육기관을 세웠다. TV와 라디오 프로그램을 만들어 전국에 방송하는 미디어 회사를 시작했다. 그 미디어 회사의 프로그램이 공개적으로 복음전도용일 수는 없었지만, 기독교적 원칙에 따라 만들어질 수 있었고 서서히 기회를 넓혀 나갔다.

이 사업은 잘 관리되었고, 기독교적 원칙 위에 설립되었기 때문에 지역사회를 잘 섬길 수 있었다. 이 사업들이 지역사회를 잘 섬겼기 때문에, 그 속에 담긴 복음 메시지를 더 쉽게 받아들일 수 있었다.

일전에 나는 앤더스가 몇 년 전 보낸 이메일을 우연히 발견했다. 그 이메일을 보면, 앤더스는 그리스도인의 사업을 '하나님나라 회사'로 만드는 것이 무엇인지 생각하고 있었다. 앤더스는 하나님나라 회사의 네 가지 특징을 열거했다. 그 이메일은 전체를 소개할 만한 가치가 있다. 그 안에는 그런 사업이 더 많이 시작되어야 함을 토로하면서, 밤늦은 시간에 친구에게 이메일을 썼던 용감한 사업가의 꾸밈없는 순수한 생각이 담겨 있기 때문이다. 조금 수정한 네 가지 원칙을 소개한다.

1 회사가 우리의 것이 아니라 하나님의 것임을 인정하라.
2 기독교 회사가 다른 회사와 어떻게 다른지를 보여줌으로써, 우리의 행동을 통해 복음사역을 행하라. 그리스도께서 우리를 위해 행하신 일로 인해, 이 회사를 위대한 사역처로 만들라. 그리스도가 우리를 축복하셨기에 우리도 다른 이들을 축복할 수 있다.

• 개인을 인정하고 존중하는 경영방식을 발전시키라.
• 우리의 고객과 거래처를 다른 누구보다 더 선대하라.
• 신빙성 있는 자, 믿을 만한 자가 되라. 고객과 직원과 거래처는, 우리가 말한 것을 실행할 뿐 아니라 그 이상으로 행할 것임을 믿을 수 있어야 한다.

- 성경적 윤리에 충실하라.

- 안전하게 투자하라.

- 직원들을 전인적으로 개발시키라.

- 사람들이 더 생산적이고 효율적일 수 있도록 기술적 역량을 개발시키라. 이는 시간이 지날수록 더 성공적인 이력을 갖추게 한다.

- 경영 훈련, 소프트 스킬(soft skill)*, 의사소통 같은 관심 분야별로, 한 개인으로서 직원을 개발시키라.

- 특히 현장에서 일하는 사람을 위해 외부 교육 기회를 늘리라.

- 직원들의 건강관리에 각별히 유의하라.

- 잘한 일은 보상하라. 만일 예상치 못한 이익을 얻게 되면, 예상했던 것 이상의 상여금을 주라. 수고한 일에 대한 보상을 서로 나누게 하라.

- 탁월한 작업환경을 조성하라. 이곳은 자신의 삶 중 3

---

* 기업 조직 내에서 커뮤니케이션, 협상, 팀워크, 리더십 등을 활성화할 수 있는 능력. 생산, 마케팅, 재무, 회계, 인사조직 등의 일련의 경영전문 지식은 '하드 스킬'(hard skill)이라 한다.

분의 1을 보내는 곳이다. 삶의 질이 중요하다! 현장에서 일하는 직원들이 다른 회사보다 더 나은 배려를 받고 있다고 느끼게 만드는 작은 것에는 무엇이 있을까? 우리가 그들에게 제공해 줄 수 있는 큼직한 것에는 무엇이 있을까? 기술자와 프로젝트 매니저에게 활기찬 작업 공간을 마련해 주라. 사람들이 와서 일하고 머물고 싶도록 만들려면 어떻게 해야 할까? 크고 작은 것들이 있다. 벽을 칠하는 등 아름답고 열린 작업 공간으로 만들라. 덜 획일적이게 보이도록 말이다.

- 자원을 잘 관리하라. 낭비를 없애되, 직원에게 과도한 일을 시키지 마라. "성경에 일렀으되 곡식을 밟아 떠는 소의 입에 망을 씌우지 말라 하였고 또 일꾼이 그 삯을 받는 것은 마땅하다 하였느니라"(딤전 5:18).
- 사람들이 건강에 신경 쓸 수 있도록 격려하라. 건강은 중요하다. 건강 관련 혜택을 제공하라.
- 직원들의 자녀를 돌봐주라. 이는 무엇보다 의미 있을 것이다! 이 일을 어떻게 할 수 있을까?

- 직원을 승진시키고, 더 나은 경력을 쌓을 기회를 열어두라. 진전을 보이는 사람을 축하하라.

3 하나님의 말씀을 통해 섬기라. 고객이든 거래처든 직원이든 그들을 복음에 노출시키라.

4 재정적 자원을 제공함으로써 섬기라. 이것은 금상첨화다. 이것은 단순한 '선교를 위한 사업'이 아니라, 우리가 하는 모든 것으로 하나님께 영광 돌리는 하나님나라 사업이다. 우리가 하나님을 공경하는 방식으로 경영할 때, 부당한 것을 요구하지 않을 것이다. 우리가 하나님을 공경하는 방식으로 직원을 배려한다면, 그들은 착취당한다고 생각하지 않을 것이며, 우리는 하나님께 받은 복을 풍성히 나눌 것이다.

다양한 하나님나라 사업을 통해 앤더스와 그 가족은, 그 지역에서 국제선교회를 포함한 몇몇 선교단체와 함께 일했다. 그들은 일반적인 교회개척자나 선교사가 여태껏 할 수 없었던 일을 했다. 아프가니스탄 사람들의 영적 육체적 복지에 막대하게 투자했는데, 직업 소명을 통해 그렇게 할 수 있었다.

_ 캄보디아의 약사

내가 캄보디아로 여행할 때였다. 비행기에서 내린 직후 마티와 완다라는 미국인 부부를 만났다. 앞에서 언급한 앤더스처럼, 마티도 수년간 성공적인 전문직 종사자였다. 앤더스와 달리 마티는 약사였다.

여러 해 동안 마티와 완다는 삶 속에서 주님의 인도하심을 구해 왔다. 자신들을 위한 뭔가 다른 계획이 있을 수 있다고 생각한 것이다. 결국 그들은 캄보디아로 가서, 의료혜택을 제대로 받지 못하는 종족 집단을 위한 의료계획을 세우도록 주님이 이끄신다는 것을 알게 되었다.

마티와 완다는 이 의료계획을 통해 지역사회를 섬길 뿐 아니라, 복음에 관심 있는 사람들의 마음을 끌었다. 그곳에 도착하고 얼마 후, 마티와 완다는 집에서 '성경이야기' 포럼을 열었다. 이 저녁 모임에서, 그들은 성경의 주요 이야기를 들려주었다. 청중은 구두로 배우는(글을 읽지 못하거나 글보다는 주로 구두로 배우는) 사람들이었다. 스스로 성경을 읽을 수 없는 사람들이 있었기에, 마티와 완다는 그들이 이야기를 기억할 수 있도록 도와주었고, 이야기를 들은 사람들은 가족과 친구에게 그 이야기를 다시 들려주었다.

마티와 완다는 그 지역의 많은 그리스도인과도 연결되어 있어서, 그들의 복음사역을 도울 수 있었다. 예를 들면, 온 캄보디아 사람들을 그리스도께 나아오게 하는 것을 삶의 목표로 삼은 한 캄보디아 신자를 후원했다.

나는 이 캄보디아 신자를 만나게 해달라고 부탁했다. 마티가 그를 소개해 주었을 때, 그는 자신의 사역에 대해 전부 이야기하기 시작했다. 그는 각 가정의 아버지들을 제자화하는 일에 대부분의 시간을 보냈는데, 그들은 다시 자신의 가족을 제자화한다고 설명했다. "이렇게 한 후에, 저는 그저 복음이 퍼져나가는 걸 보기만 해요. 이 가족들은 다른 마을에 있는 확장된 가족들에게 복음을 전하죠. 그 가족들이 그리스도께 나아오게 되고, 그들 역시 다른 사람들을 그리스도께로 이

끌죠."

마티와 완다의 사역은 대단히 감동적이었다. 성공적인 전문직 종사자가 가족과 함께 짐을 꾸려, 복음을 위해 자신의 역량을 활용할 목적으로 다른 나라로 가는 일이 흔할까? 마티와 완다는 공공의 유익에 기여할 의료계획을 세우며 이것을 추진할 수 있었다. 그들은 믿지 않는 사람들에게 '성경이야기' 가정 모임을 통해 성경을 가르칠 수 있었고, 효과적인 복음사역을 주도하는 캄보디아 신자를 후원할 수 있었다.

_결론

아마 세계 도처의 사람들이 당신의 직업 분야에 관심을 가질 것이다. 당신은 이렇게 생각할 수도 있다. '나는 CEO가 아닌 걸. 나를 사우디아라비아로 보내달라고 회사 측에 요구할 수도 없어.' 나는 당신이 꼭 그렇게 해야 한다고는 생각하지 않는다.

다만 가능하다면 같은 분야의 해외 일자리에 지원하는 것을 고려해 볼 수 있다는 것이 내 생각이다. 혹은 당신의 회사가 다른 나라에 사무실을 갖고 있을 수도 있다. 다른 나라에서 같은 일을 할 수 있겠는가? 당신의 가족이 미전도 국가에 대한 선교사명을 담당한다면 어떻겠는가? 직업을 활용한다면 굳이 설교자일 필요는 없다. 엔지니어, 상인, 변호사, 건설업자 혹은 농부 등의 직업에 충실하면 된다.

미국 남부에서 매우 부유한 지역 중 하나인 테네시 주의 프랭클린 출신인 조이 랭크포드(Joey Lankford)라는 사람이 있다. 조이는 『성취감』(Fulfilled)이라는 자신의 책에 쓴 것처럼 근사하고 편안한 삶을 살았다. 그런데 전혀 만족감을 느끼지 못했다. 돈 잘 버는 직업, 근사한 가족, 큰 교회 같은 평소생활에 점점 더 불만스러워졌다. 근사한 삶을 인식하지 않아서 그런 게 아니라, 뭔가 빠졌음을 느꼈기 때문이다. 사실 그는 이에 대해 매우 감사했다.

그래서 조이는 합리적인 사람이라면 할 법한 일을 했다. 안락함을 떠난 것이다. 조이는 자신의 사업 감각을 활용해 새로운 사업을 시작했다. 그의 사업은 실제적이었다. 그는 예산, 투자자 그리고 종업원들을 책임져야 했다. 이것은 또 다른, 보다 영적인 계획을 위한 방편이 아니었다. 그의 직업은 영적 전략이었다! 조이는 남아프리카에서 사람들을 고용하여, 자신의 농장에서 일할 수 있도록 훈련시켰다. 또 그들이 고향에서 사업을 시작할 수 있도록 그들을 내보냈다. 채소와 가축 같은 것들은, 하나님이 조이와 그의 가족을 경제적으로 지원하기 위해서 뿐 아니라, 사람들이 그리스도를 믿고 그분을 처음으로 주님이라 부르게 하기 위해 사용하신 도구였다.

당신은 직업을 활용하여 갈 수 있다. 그렇게 하겠는가?

소명을 분명하게

1 내 직업을 활용하여 갈 수 있는가?

2 주님이 직업상 새로운 길로 나를 인도하실까?

서명

나, ＿＿＿＿＿＿＿＿은(는) 내 직업을 활용하여 가거나, 그 렇게 할 수 있는 다른 사람을 보낼 것이다.

하나님은 목적을 이루기 위해
일하는 사람들을 전략적으로 편성하신다.
우리의 21세기도 예외가 아니다.

I AM GOING

7

나 는 간 다

·

어디든

I AM GOING

　때로 하나님은 예전에 여러 차례 가르쳐주신 교훈을 다시 가르치신다. 복음 증언과 관련한 순종에 대해서는 특히 그렇다. 하나님이 복음 전하는 통로가 되는 책임과 특권을 우리에게 주셨지만, 우리는 삶의 초점을 잃는 경향이 있다.

　나(브루스 애시포드)는 삶의 초점과 심지어 삶의 동기를 잃어버린 나를 하나님이 종종 책망하셔야 한다는 사실이 유감스럽다. 몇 년 전 유럽여행 때 하나님의 책망을 통렬히 자각했던 기억이 난다.

　여행할 때 동승한 승객들과 대화하지 않는 것이 내 자연스러운 성향이다. 이는 내가 내성적이어서 그렇기도 하지만, 내 여행 주간이 가장 바쁜 주간이기 때문이기도 하다. 나는 기내에서도 일을 처리하느라 분주한 편이다. 비행하는 시간 내내 이메일에 답하거나, 강의노트를 정리하거나, 집필원고를 다듬곤 한다.

그 특별한 여행의 첫 비행구간은 파리까지였다. 델타항공은 나를 비즈니스 클래스로 격상시켰다. 덕분에 매우 안락하게 기댈 수 있는 좌석에 앉았다. 승무원이 다이어트 콜라를 한 잔 가져다주었고, 나는 내가 가르치는 과목을 준비하느라 철학자 임마누엘 칸트의 책을 읽을 채비를 했다.『순수이성비판』은 서구 역사상 매우 난해한 명저들 중 하나다. 칸트의 사상을 내 강의에 활용하기 위해, 그의 말을 이해하려고 집중력을 총동원해야 했다.

내가 막 책을 읽기 시작했을 때, 뉴저지 출신의 덩치 큰 노인이 내 옆에 앉았다. 제프가 저지 출신임을 내가 어떻게 알았겠는가? 자리에 앉기도 전에 그가 그렇게 말했기 때문이다. 나는 일하느라 그를 쳐다보지도 않았으나, 그는 전혀 개의치 않았다. 내가 책 읽기에 몰입하고 있는데도 그는 아랑곳하지 않았으며, 미소를 잔뜩 머금고는 큰 소리로 말을 걸었다. 자신을 주체하지 못하는 것 같았다.

내가 제프를 기억하는 이유는 둘이서 나눈 대화 때문이다. 비행기가 이륙한 지 얼마 지나지 않아, 그는 내가 읽고 있는 책에 대해 물었다. 과연 인간이 실체에 대한 진리를 알 수 있는지에 대한 물음을 다룬 책이라고 내가 설명했다. 이 대화는 나 자신도 모르게 좋은 방향으로 급전환되었다. 하나님이 내 장벽을 깨뜨리셨고, 그래서 나는 제프를 위한 복음의 통로가 될 수 있었다.

당시 제프는 복음을 받아들일 완벽한 상황에 놓여 있었다. 비행시간 내내 우리는 복음에 대해 이야기했다. 심지어 식사시간에도 그랬다. 마침내 나는 종이를 한 장 꺼내 그림을 그려가면서, 창조에서 시작해 새 하늘과 새 땅에서 끝나는 전체 성경의 의미를 그에게 가르쳐주려 했다. 우리는 예수님에 대한 구약의 예언, 그분의 삶과 죽음, 그리고 죽으심과 부활에 초점을 맞추었다.

대화 중간에 제프는 복음을 믿게 되었다. 하나님이 제프를 준비시키셨고, 비행기 기내에서 내 옆에 앉히셨으며, 동시에 내 원래 계획을 무산시키셨다. 그래서 나는 제프에게 좋은 소식을 전할 수 있었다.

비행기에서 내릴 때쯤, 나는 제프의 이메일 주소를 받았다. 우리 둘은 그 후에도 여러 차례 교류했다. 나는 저지(Jersey)에서 출석할 만한 교회를 찾도록 제프를 도와주었다. 제프는 내게 감사카드와 선물을 보내왔다. 내가 제프를 통해 평생 기억하게 된 교훈은, 하나님이 주시는 기회를 잡으려면 '늘 준비를 갖추고 있어야 한다'는 것이다.

본서의 요점이 바로 그것이다. 우리는 언제나 사명 수행 중이다. 우리는 언제나 그리스도를 위한 대사로서, 말과 행동으로 그리스도를 대변해야 한다. 교회에 출석하거나 기도할 때만이 아니라, 일하거나 집에 있거나 지역사회에 있을 때도 우리는 '근무 중'이다. 국제적인 선교사나 목사인 경우만이 아니라, 주부나 과학자나 사업가인 경우에도 우리는 '근무 중'이다. 그리스도인이 '근무 중이 아닌' 상황은 없으며, 우리의 삶 전체를 하나님이 주신 사명을 위해 투자해야 한다.

죽음에서 다시 살아나신 후, 예수님은 제자들에게 나타나
셨다. 누가라고 하는 의사인 사도행전 기자는, 예수님이 나타
나신 기간 동안 제자들에게 하신 말씀을 기록했다. 그때 제
자들은 언제 나라를 회복하실지 여쭈었고, 예수님은 이렇게
대답하셨다.

> 때와 시기는 아버지께서 자기의 권한에 두셨으니 너희가
> 알 바 아니요 오직 성령이 너희에게 임하시면 너희가 권능을
> 받고 예루살렘과 온 유대와 사마리아와 땅 끝까지 이르러 내
> 증인이 되리라 하시니라 (행 1:7-8)

달리 말하면, 예수님의 말씀은 이런 뜻이다. "내 재림의 때
를 알아내려고 애쓰지 마라. 그건 너희가 신경 쓸 일이 아
니다. 너희가 집중해야 할 일은 내가 너희에게 준 큰 과제다.
즉, 성령의 권능을 받아서 이스라엘 백성에게는 물론이고 다
른 모든 민족에게도 증인이 되는 것이다. 내가 왕이며 구주

임을 세상에 증언하는 일에 너희의 삶(말과 행위)을 바쳐야 한다."

제자들은 예수님의 지시에 놀랄 필요가 없었다. 하나님은 하나님의 구약 백성(이스라엘)이 그를 증언해야 한다고도 말씀하셨다. "내가 또 너를 이방의 빛으로 삼아 나의 구원을 베풀어서 땅 끝까지 이르게 하리라"(사 49:6). 하나님은 율법으로 이스라엘에게 지침을 주셨고, 이를 통해 어떻게 그들이 삶 전체(가족, 일터, 지역사회)로 하나님을 증언해야 하는지 알려주셨다. 그리고 주 예수님은 하나님의 신약 백성(교회)이 만민에게 증인이 되어야 함을 말씀하셨다.

따라서 사도행전 1장에 나오는 예수님의 말씀은 새로운 것이 아니었다. 그러나 새로운 것도 담겨 있다. 구약성경에서는 민족들이 이스라엘로 '이끌릴' 것을 강조한 반면, 신약성경에서는 하나님의 신약 백성(교회)이 민족들에게로 '가야' 함을 강조한다.

이 선교적 임무가 워낙 의미심장하므로, 누가는 이 임무를 중심으로 사도행전을 구성했다. 사도행전의 서두에서는 예루살렘에서 복음의 승리를 보여준다(행 2-7장). 그 다음에는 유대와 사마리아로(행 8-12장), 그리고 땅 끝까지(13-28장) 복음이 확장된다.

만일 예수님이 땅 끝까지 복음 전할 것을 우리에게 명하신다면, '땅 끝'은 어떻게 정의되어야 할까? '민족들'은 누구인가? 하나님의 구약 백성이 아닌 모든 민족은 '땅 끝'이다. 세계 도처의 모든 민족과 모든 종족 집단에게 복음이 전해지게 하는 것이 하나님의 계획이다.

미국이나 유럽에 사는 사람들은 종종 이 구절을 곡해한다. 그들은 서편을 '예루살렘'으로 보고, 아프리카와 아시아와 라틴아메리카를 '땅 끝'으로 여긴다. 그러나 이것은 올바른 시각이 아니다. 예루살렘은 하나님의 구약 백성인 이스라엘을 대표했다. 누가를 통해 하나님은 '내가 복음을 먼저 이스라엘에 주고, 그 다음 이방 민족들에게 보낼 것'이라고 말씀하신 셈이다.

교회는 말과 행동으로, 우리 민족을 포함한 세계의 모든 민족에게 그리스도를 증언하기 위해 모든 노력을 다해야 한다. 만일 우리가 그리스도께 복종한다면, 땅 끝까지 복음을 전할 것이다. 그리고 우리가 복음을 땅 끝까지 전한다면, 다른 민족들에게만이 아니라 우리 민족에게도 그것을 전할 것이다.

_어떻게 하면 임무를 계속 수행할 수 있을까

만일 예수님의 명령이 그토록 분명하다면, 우리가 뒷걸음질 칠 이유가 무엇이겠는가? 또 다시 우리는 의사 누가에게서 배울 수 있다. 누가복음에서 누가는, 우리가 그리스도의 제자가 되어야 한다고 주장한다. 누가복음 14장 25-33절에서, 참된 제자화에 대해 통찰력 있는 묘사를 제시한다. 이 묘사를 주의 깊게 보면, 왜 우리가 만민에게 복음을 증언하라는 예수님의 가르침을 무시하는 경향이 있는지 알려주는 의미심장한 단서를 찾게 된다. 제자화에 대한 누가의 묘사다.

수많은 무리가 함께 갈새 예수께서 돌이키사 이르시되 무릇 내게 오는 자가 자기 부모와 처자와 형제와 자매와 더욱이 자기 목숨까지 미워하지 아니하면 능히 내 제자가 되지

못하고 누구든지 자기 십자가를 지고 나를 따르지 않는 자도 능히 내 제자가 되지 못하리라

너희 중의 누가 망대를 세우고자 할진대 자기의 가진 것이 준공하기까지에 족할는지 먼저 앉아 그 비용을 계산하지 아니하겠느냐 그렇게 아니하여 그 기초만 쌓고 능히 이루지 못하면 보는 자가 다 비웃어 이르되 이 사람이 공사를 시작하고 능히 이루지 못하였다 하리라

또 어떤 임금이 다른 임금과 싸우러 갈 때에 먼저 앉아 일만 명으로써 저 이만 명을 거느리고 오는 자를 대적할 수 있을까 헤아리지 아니하겠느냐 만일 못할 터이면 그가 아직 멀리 있을 때에 사신을 보내어 화친을 청할지니라 이와 같이 너희 중의 누구든지 자기의 모든 소유를 버리지 아니하면 능히 내 제자가 되지 못하리라 (눅 14:25-33)

누가는 수많은 무리가 예수님을 따랐다는 언급으로 이 본문을 시작하지만(25절), 이 무리 중 대다수는 제자가 아니었다. 단지 무리였을 뿐이다. 그들은 예수님의 놀라운 이적을 보기 원했다(귀신들이 한 사람에게서 쫓겨나서 돼지들에게 들어가

고, 또한 그 돼지들이 발광하며 쏜살같이 바다로 뛰어드는 모습을 누가 보고 싶지 않겠는가). 예수님의 말씀, 예수님이 위선적인 종교지도자들에게 하신 거침없고 재치 있는 논박, 그리고 그들 중 병들고 소외당하는 자들에게 보여주신 긍휼을 그들은 좋아했다.

그러나 예수님을 따르는 많은 무리를 언급한 직후, 누가는 현실이라고 하는 찬물을 끼얹는다. 무리에 속하는 것이 제자나 그리스도를 진정으로 따르는 자가 되는 것과 같지 않음을 분명히 밝힌다. 제자의 삶은 세 가지 특징을 지닌다.

1. 예수님을 사랑한다 참된 제자의 첫째 특징은, 다른 어떤 사람이나 그 무엇보다 그리스도를 더 사랑한다는 것이다. 예수님이, 제자가 되려면 자신의 가족과 친구들을 '미워해야' 한다고 말씀하실 때, 예수님은 '덜 사랑한다'는 히브리적 의미로 이 단어를 사용하셨다. 예수님은 우리가 다른 어떤 사람이나 그 무엇보다 예수님을 더 사랑하고 신뢰하며 복종하기를 원하신다. 예수님은 우주의 지고한 주님이시다. 더욱이 우리 대신 죽어서 구원의 길을 제공할 정도로 우리

를 사랑한 주님이시다. 예수님의 주권과 구주되심을 믿는 마음에서, 우리는 온 마음을 다한 사랑과 신뢰와 순종을 예수님께 드린다.

우리가 예수님을 더 많이 사랑하면 다른 사람을 덜 사랑하게 되는 것이 아니다. 예수님은 그런 뜻으로 말씀하지 않으셨다. 우리가 주님을 더 많이 사랑할수록 다른 사람을 더 잘 사랑할 것이다. 주님을 향한 우리의 사랑이 다른 사람을 사랑하는 방식을 형성하며, 그들에 대한 사랑을 강화시킬 것이다. 따라서 예수님은 우리가 다른 사람이나 다른 그 무엇을 거부하도록 지시하지 않으신다. 예수님은 예수님을 향한 우리의 사랑이 우리 삶 속에 주입되어, 그에게서 받은 다른 좋은 선물도 사랑하게 하신다. "하늘을 목표로 삼으면 땅을 '덤으로' 얻을 것이다. 땅을 목표로 삼으면 둘 다 얻지 못할 것"이라고 C. S. 루이스는 말했다.[9]

예수님은 우리가 예수님을 사랑하는 것보다 더 많이 사람이나 다른 그 무엇을 사랑하지 말라고 말씀하신다. 예수님보다 더 많이 사랑하게끔 우리를 유혹하는 대상은 역설적이게도 모두 예수님께로부터 온 선물들이다. 예수님보다 자녀를 더 사랑할 경우, 우리는 그 자녀를 주신 분이 예수님임을 기억해야 한다. 예수님보다 섹스나 돈이나 성공을 더 사랑할 경우, 우리는 섹스와 돈과 성공이라는 선물을 우리에게 주신 분이 예수님임을 기억해야 한다. 달리 말해, 선물을 주시는 분보다 선물을 더 사랑해서는 안 된다. 하나님의 피조물을 신으로 만들지 말자.

제자도의 이 특성은 매우 중요하다. 이것이 맨 먼저 언급된 것은 가장 중요하기 때문이며, 또 다른 특성들이 여기서 비롯되기 때문이다. 만일 우리가 성적 쾌락이나 사업 성공이나 재정적 번영을 지나치게 사랑하면, 지상대명에 집중하지 못하는 것은 불가피하다. 거짓 신들에 사로잡혀 곁길로 들어선 그리스도인들은 결코 하나님이 원하시는 유형의 증인이 될 수 없다. 복음전도의 길로 나아가지 못하도록 우리를 가장 심각하게 저지하는 것은, 거짓 신들을 하나님보다 더 사랑하게 하려는 지속적인 유혹이다.

2. 예수님께 순종한다 참된 제자의 둘째 특징은, 시련과 반대에 직면해서도 예수님을 사랑하며 순종하는 것이다. 27절에서 예수님은, 우리가 예수님을 따르면서 기꺼이 십자가

를 지지 않는 한 예수님의 제자일 수 없다고 말씀하신다. 예수님 당시 십자가는 잔인한 처형 도구였다. 그것은 로마법과 그 법을 어긴 데 따른 결과의 상징이었다. 그것은 예쁜 장식용 상징이 아니라 죽음의 상징이었다. 그렇다면 왜 예수님이 제자도를 십자가에 빗대어 말씀하셨을까? 이는 예수님의 삶과 사역이, 예수님이(로마 시저나 다른 어떤 지상의 통치자나 신이 아니라) 우주 최고의 주님이라는 사실에 근거했기 때문이다. 예수님의 주권 주장은 자신을 최고의 주로 여겼던 시저에 대한 직접적인 모독이었다. 이 주장이 죽음으로 이끌 것임을 예수님은 알고 계셨다. 또 제자들도 그로 인해 고난받고 죽임당할 것을 아셨다.

그래서 이 둘째 특징은 첫째 특징에 연결된다. 예수님을 철저히 사랑하고 신뢰하며 순종한다는 것은, 반대나 핍박에 직면할 때도 계속해서 사랑하고 신뢰하며 순종함을 뜻한다. 제자로서 우리는 예수님이 가장 소중한 보화임을 깨닫는다. 예수님은 우리가 가질 수 있는 다른 어떤 것보다, 혹은 반대나 핍박에 의해 제거될 수 있는 다른 어떤 것보다 더 소중하다. 예수님과 인기 중에서, 예수님과 부요함 중에서, 예수님과 자유 중에서, 혹은 예수님과 가족 중에서, 우리는 예수님을 택할 것이다.

우리는 세계 도처의 형제자매에게서 많은 것을 배울 수 있었다. 닉 립켄(Nik Ripken)의 『광기의 신앙』(The Insanity of God)이라는 책에서 읽은 이야기가 생각난다. 립켄은 이슬람에 대한, 그리고 예전에 무슬림이었다가 예수님을 영접한 사람들에 대한 연구로 잘 알려진 세계적인 선교사다. 립켄이 중국의 한 여성에게, 그토록 자유가 결여된 환경에서 신자들이 어떻게 그리스도를 섬길 수 있었는지 물었다. 여성의 대답은 이러했다.

공안 경찰이 가정 교회 집회소를 제공한 한 신자를 정기적으로 괴롭혀요. "이 모임을 중단하시오. 만일 중단하지 않으면, 우리가 당신 집을 압류하고 당신을 길거리로 쫓아내겠소."

그러면 그 신자는 대답합니다. "내 집을 원해요? 내 농장을 원해요? 그렇다면 예수님께 말씀드려보세요. 내가 그분께 내 재산을 드렸으니까요."

공안 경찰은 그 대답을 이해하지 못하죠. 그래서 말합니다. "우리는 예수에게 갈 방도가 없지만 당신에게는 요구할 수 있소. 우리가 당신의 재산을 몰수하면, 당신과 당신의 가족은 살 곳이 없을 거요."

그러면 가정 교회 신자들은 말하지요. "우리는 일용할 양식은 물론이고 피난처도 주실 하나님을 신뢰할 것이오."

박해자들은 말합니다. "계속 고집을 부리면 매질을 당할 거요."

그럼 신자들이 대답합니다. "그러면 우리는 치유해 주실 예수님을 의지할 겁니다."

경찰이 위협합니다. "감옥에 넣어버리겠소!"

이 경우 신자들의 반응을 예측할 수 있습니다. "그러면 우리는 수감자들에게 예수님에 대한 좋은 소식을 전해 그들을 자유롭게 해줄 겁니다. 우리는 감옥에서 교회를 개척할 것입니다."

"그런 식으로 한다면, 우리는 당신들을 죽일 거요!" 당국자들이 단호하게 말하겠지요.

그러나 가정 교회 신자들은 한결같이 대답할 것입니다.

"그러면 우리는 천국에 가서 영원히 예수님과 함께 거하지요."[10]

3. **중단하지 않는다** 제자의 셋째 특징은, 중도 포기하지 않는다는 것이다. 28-32절에서, 예수님은 같은 취지의 두 가지 이야기를 말씀하신다. 그리스도의 제자는 세례 받고 자신이 그리스도인임을 세상에 공표할 때 '비용을 계산해야' (즉, 희생을 예상해야) 한다. 지속적으로 그리스도를 받아들일 준비를 해야 한다. 우리가 그리스도의 제자임을 세상에 선언할 때, 우리는 예수 그리스도가 유일하고 참되신 하나님임을, 그분만이 우리의 사랑과 경배를 받기에 합당하심을, 그리고 우리가 제자의 길을 중도 포기함으로써 그리스도의 이름을 더럽히지 않을 것임을 선언하는 것이다.

제자들은 다른 어떤 '신' 때문에 그리스도를 포기하려는 유혹에 종종 직면한다. 다른 어떤 '주'(lord)를 신뢰하고 사랑하며 순종하려는 유혹에 늘 직면한다. 불법적인 섹스, 재정적 부유함, 성공의 유혹 또는 권력있는 지위에 집착하려는 유혹을 받는다. 그러나 우리가 이 유혹에 넘어가면 은연

중에 이렇게 말하는 셈이다. "그리스도만으로는 충분하지 않다. 진정으로 행복하거나 안전하려면, 내 참된 구주 역할을 하는 ____가 있어야 해." 제자화의 길에서 발을 떼는 것은, 그리스도가 주님이 아님을 나타내는 것이다.

누가는 위의 본문을 마무리하면서 말하기를, 제자란 예수님을 주님으로 믿으며, 또한 그 때문에 예수님을 사랑하고 신뢰하며 섬기려고 다른 모든 것을 포기하는 사람이라고 한다. 다시 말해, 예수님을 주님으로 믿는 사람은 다른 어떤 것이나 다른 어떤 사람도 '신'으로 삼기를 거부한다.

_ 무엇이 우리를 방해하는가

우리의 삶에서 주님과 경쟁하도록 허용되는 우상에는 무엇이 있는지 잠시 생각해 보자. '성적 쾌락'인가? 우리가 섹스라고 하는 선물을 신으로 삼을 때, 그것은 우리 삶을 탈선시키며 파괴할 것이다. 섹스는 결혼 관계 안에서 행해질 때 하나님의 귀한 선물이지만, 다른 방식으로 행해질 때는 사탄의 도구가 된다. 사실 이것은 그리스도인을 하나님의 보호하심에서 이탈하게 하기 위해 사탄이 사용하는 가장 손쉬운 도구 중 하나다. 만일 악한 자(사탄)가 포르노나 음란한 관계로 우리를 탈선시킨다면, 그는 쉽게 우리 눈을 사명으로부터 차단할 수 있다.

'돈과 소유'가 우리의 구주 역할을 하는가? 어떤 사람들은 명백히 돈을 우상화한다. 그들은 자신이 행복해지는 것을 돈으로 살 수 있다고 생각한다. 이들에게는 유행하는 옷이나 근사한 자동차, 멋진 집 같은 돈으로 살 수 있는 것들이 구주 역할을 한다. 그런데 돈을 우상화하는 사람은 이들만이 아니다. '저축하는 사람'도 돈을 우상화한다. 그들은 돈을 저축하고 미래를 위해 투자하면, 자신의 삶이 안전해지고 아무런 걱정도 없게 될 거라고 생각한다. 돈을 쓰는 사람과 저축하는 사람 둘 다, 오직 그리스도를 통해서만 얻을 수 있는 것(참되고 영속적인 행복이나 안전)을 돈으로 얻을 수 있다고 생각한다. 만일 우리가 돈에 집착한다면, 해외 선교사가 될 가능성이나 우리의 일터를 하나님과 그분이 주신 사명을 위해 활용할 기회를 놓칠 것이다.

'성공'이 우리 삶의 원동력인가? 이것은 종종 가족을 부양한다거나 일터에서 충실하려는 무해한 욕구로서 간과되는 파괴적인 형태의 우상숭배다. 이 시나리오에서는, 학급이나 일이나 다른 어떤 삶의 영역에서 성공했느냐의 여부에 따라 자신의 가치를 판단한다. 대학생이 전 과목 A학점을 얻기 위해 가족과 친구와 교회를 무시할 수 있다. 사업가가 자기 분야의 정상에 오르기 위해 아내와 자녀를 무시할 수 있다. 그러나 이런 종류의 성공은 하나님이 주신 가장 귀한 것을 희생시키고서 얻는 것이다. 하나님은 우리가 하나님과 하나님의 나라를 먼저 구하기 원하신다. 만일 우리가 그렇게 하면, 하나님이 다른 모든 것을 적절한 때에 더해 주실 것이다.

이 목록에는 가족, 안락함, 레저, 스포츠, 로맨스, 권력, 우정, 정치적 동맹, 명성, 다른 사람들의 인정 등을 추가할 수 있다. 이 좋은 것들이 우상숭배의 대상일 수 있다. 하나님의 선물이 신격화 되면 결국 우상숭배적이고 파괴적이며 심지어 마귀적인 것이 된다. 원재료가 좋을수록 그것으로 만들어진 우상은 강력하다.

기억하라. 피조물인 물건이나 사람을 하나님보다 더 소중히 여기는 것은 이들을 우상화하는 것이다. 이는 하나님이 우리를 구원하실 수 없기에, 우리를 구원하고 행복과 안전과 평안을 가져다줄 다른 것이 필요하다고 말하는 것이다. 당황스럽게도 이 우상들은 우리에게 사명을 부여한다. 우리는 하나님을 위한 증인이 되지 않고, 섹스나 돈이나 권력의 증인이 된다.

이 때문에 우상의 유혹을 받을 때, 우리는 어떤 위기에 처했는지 자각해야 한다. 우리의 삶에서 그 어떤 것이나 어떤 사람에게도 하나님의 지위를 허용해서는 안 된다. 다른 어떤 것보다 하나님을 더 사랑하고 신뢰하며 순종할 것을 결심해야 한다. 하나님을 이런 식으로 사랑할 때, 그리고 하나님을 향한 사랑이 다른 사람이나 다른 것을 향한 사랑으로 이어질 때, 우리는 입술로써만이 아니라 삶으로도 진정 그리스도를 높여드릴 수 있다. 그럴 때 비로소 그리스도 안에서 우리의 말과 삶을 통해 하나님의 위대하심을 온전히 증언할 수 있으며, 또 하나님의 계획에 온전히 참여할 수 있다.

우리 친구 데이비드 플랫은 어디든 기꺼이 '가는' 사람의 본보기다. 국제선교회 대표로 섬기기로 복종하기 전(그것은 복종이었다), 그는 하나님과 더불어 씨름했다. 미국을 떠나 먼 곳에서 사역하기를 원했기 때문이다. 복음을 가장 큰 보화로 여길 때는 '가는 것'이 희생이 아님을 데이비드는 알고 있다.

복음이 데이비드의 가장 큰 즐거움이기에, 비록 세계에서 가장 큰 선교단체지만 그것을 이끄는 것이 데이비드에게는 하나님의 인도를 따라 어디로든 가는 것보다 미흡한 일로 보였다. 국제선교회 대표직이 명예로운 자리기는 하지만, 그가 그것을 맡으려면 '가라'는 하나님의 지시를 받아야 했다. 안락함이나 돈이나 사역 성공이나 가족이나 다른 어떤 것이 아닌 복음이 데이비드의 가장 큰 보화이므로, 어디든 가라는 하나님의 부르심에 그는 "예!" 하고 복종했다.

당신은 어디로든 가겠는가? 하나님은 우리를 해외로 가도록 혹은 길 건너로 가도록 부르실 수 있다. 콩고로 또는 좁은 방으로 부르실 수도 있다. 어디든 하나님이 이끄시는 대로 가겠는가?

　당신이 이 책을 읽었다면, 하나님이 당신을 어디로 이끄시는지 어느 정도 분명히 인식할 것이다. 어떤 이들은 이미 알던 내용을 거듭 확인했을 수도 있다. 이미 그들은 하나님의 인도에 따르고 있는 것이다. 그런가 하면 새로운 어떤 곳으로 하나님이 인도하고 계심을 믿게 된 이들도 있다. 어느 쪽이든 당신은 가고 있다.

　공란을 채워보라. 당신은 어디로 가고 있는가?

_____

_____

서명

나, _____ 은(는) 어디든 갈 것이다.

"하늘을 목표로 삼으면
땅을 '덤으로' 얻을 것이다.
땅을 목표로 삼으면 둘 다 얻지 못할 것이다."

_C.S.루이스

주

1   마크 데버, 『더 처치』, 김태곤 역(서울: 아가페북스, 2016).

2   John Calvin, *Calvin: Institutes of the Christian Religion*, Volume 2, John T. MacNeill 편저(Louisville, KY: Westminster John Knox Press, 2006), p.1031.

3   신약성경에서 지역 교회를 묘사한 내용은 이 가시적인 지역 회중이 신자들로만 구성되었음을 가정한다. 고린도에 있는 하나님의 교회는 "그리스도 예수 안에서 거룩"해진 자들로 불린다(고전 1:2). 에베소서 는 "에베소에 있는 성도들과 그리스도 예수 안에 있는 신실한 자들"에 게 보낸 편지였다(엡 1:1). 빌립보서는 "그리스도 예수 안에서 빌립보 에 사는 모든 성도"에게 보내졌다(빌 1:1). 또 바울은 "골로새에 있는 성도들 곧 그리스도 안에서 신실한 형제들"에게 편지했다(골 1:2). 데 살로니가교회는 두 편지에서 모두 "하나님 아버지와 주 예수 그리스 도 안에 있는" 교회로 묘사된다(살전 1:1; 살후 1:1).

4   Dietrich Bonhoeffer, *The Cost of Discipleship*(New York, NY: Simon and Schuster, 2010), pp.89-90.

5   쿠퍼는 자신이 설립한 암스테르담 자유대학의 취임 강연에서 이 말을 했다. 이 내용은 *Abraham Kuyper: A Centennial Reader*, James D. Bratt 편저(Grand Rapids, MI: Eerdmans, 1998), p.488, "영역 주권"에 나 온다.

6   Abraham Kuyper, *Pro Rege*에서 인용. Jan Boer 역, *You Can Do Greater Things than Christ*(Nigeria: Jos, 1991).

7   마틴 루터, 베드로전서 2장 18-20절 강해. *What Luther Says*, 1500 1501에 인용.

8   Richard Sibbes, *King David's Epitaph, The Complete Works of Richard Sibbes*(Edinburgh: James Nichol, 1863), 6:507.

9   C. S. 루이스, 『순전한 기독교』, 장경철 이종태 역(서울: 홍성사, 2005).

10 Nik Ripken, *The Insanity of God: A True Story of Faith Resurrected* (Nashville, TN: B&H Publishing Group, 2013), pp.262-263.

I AM GOING
나는 간다

초판 1쇄 발행   2017년 09월 06일

지은이   대니얼 애킨, 브루스 애시포드
옮긴이   김태곤

펴낸이   정형철
펴낸곳   아가페북스
등록   제321-2011-000197호
등록일   2011년 10월 14일
편집장   이수진
기획편집   방재경
편집   이연우
디자인   투에스

주소   (06698) 서울시 서초구 효령로8길 5 (방배동)
전화   584-4835(본사) 522-5148(편집부)
팩스   586-3078(본사) 586-3088(편집부)
홈페이지   www.iagape.co.kr
판권   ⓒ (주)아가페출판사 2017
ISBN   978-89-97713-90-5 (03230)

이 도서의 국립중앙도서관 출판예정도서목록(CIP)은
서지정보유통지원시스템 홈페이지(http://seoji.nl.go.kr)와
국가자료공동목록시스템(http://www.nl.go.kr/kolisnet)에서
이용하실 수 있습니다.
(CIP제어번호: CIP 2017017073)

아가페북스는 (주)아가페출판사의 단행본 전문브랜드입니다.

아가페 출판사